Petra Cnyrim

ERKLÄRS MIR, ALS WÄRE ICH 5

Petra Cnyrim

ERKLÄRS MIR, ALS WÄRE ICH 5

Komplizierte Sachverhalte einfach dargestellt

Was besagt die Relativitätstheorie?
Warum haben wir zwei Gehirnhälften?
Warum fallen Vögel beim Schlafen nicht vom Ast?

riva

Bibliografische Information der Deutschen Nationalbibliothek
Die Deutsche Nationalbibliothek verzeichnet diese Publikation in der Deutschen Nationalbibliografie. Detaillierte bibliografische Daten sind im Internet über http://d-nb.de abrufbar.

Für Fragen und Anregungen:
info@rivaverlag.de

Originalausgabe
7. Auflage 2019

Nymphenburger Straße 86
D-80636 München
Tel.: 089 651285-0
Fax: 089 652096

Redaktion: Dr. Manuela Kahle
Umschlaggestaltung: Isabella Dorsch
Umschlagabbildung: Shutterstock.com/Sapunkele
Abbildungen Innenteil: Shutterstock.com/Sebastian Kaulitzki, studiovin, Ivan Popovych, Denim Background, opicobello, VitalasArts, gritsalak karalak
Satz: Daniel Förster, Belgern
Druck: CPI books GmbH, Leck
Printed in Germany

ISBN Print 978-3-7423-0283-0
ISBN E-Book (PDF) 978-3-95971-754-0
ISBN E-Book (EPUB, Mobi) 978-3-95971-755-7

Weitere Informationen zum Verlag finden Sie unter

www.riva-verlag.de

Beachten Sie auch unsere weiteren Verlage unter www.m-vg.de

INHALT

VORWORT

Warum?

Warum? Eine Frage, die man am häufigsten aus Kindermündern hört. Denn das *Warum* ist der Schlüssel zu so vielen Antworten, auf die vor allem die Kleinsten unter uns neugierig sind. Für sie ist die Welt eine einzige Entdeckerzone, die so viele Fragen aufwirft, dass man sie nur mit ganz vielen *Warums* verstehen kann. Dabei sind die Fragen oft so einfach – auf den ersten Blick. »Warum ist der Himmel blau?« Klar, da denkt sich jeder Erwachsene: Das weiß ich ... ähm ... zumindest ungefähr ... ähm ...

Wir Erwachsenen glauben, über so viele Dinge Bescheid zu wissen, aber wenn es dann darum geht, etwas genau zu erklären, wird es schon schwieriger. Vor allem, wenn es sich bei dem wissbegierigen Kerlchen, das da vor einem steht, um ein Kind handelt. Denn wie soll man denn Fragen wie: »Was ist Zeit?« so beantworten, dass es auch ein Fünfjähriger verstehen kann, ohne spätestens nach drei Minuten frustriert abzuziehen? Es ist eine Herausforderung, den Wissensdurst der Kleinsten so zu stillen, dass sie auch noch Spaß am Entdecken haben.

Doch nicht nur Kinder haben Fragen. Auch Erwachsene würden oft gern mehr über bestimmte Dinge erfahren, trauen sich aber nicht mehr zu fragen. Schließlich müsste man es ja eigentlich längst wissen – oder zumindest direkt beim ersten Mal verstanden haben, als es uns in den Nachrichten oder bei einem Gespräch im Freundeskreis begegnet ist.

Es ist schade, dass viele Erwachsene sich selbst den Druck auferlegen, alles wissen zu müssen, und sich deshalb nicht trauen, genauer nachzufragen. Und es ist bedauerlich, dass so viele interessante und wissenswerte Themen oft so kompliziert erklärt werden, dass den meisten schon nach kurzer Zeit die Lust am Wissen vergeht.

Dieses Buch ist für all die wissensdurstigen Menschen, die sich nicht damit abfinden wollen, etwas nicht zu verstehen. Es soll sowohl grundlegende als auch nicht so alltägliche Fragen, die sich manch einer vielleicht schon gestellt hat, auf eine möglichst unkomplizierte Art und Weise erklären. Es dient zum interessierten Schmökern, Auffrischen von Wissen und sorgt mit Sicherheit auch für den ein oder anderen Aha-Effekt.

Ganz besonders danke ich dafür meinem Sohn,
der mir mit seinen fünf Jahren die beste Quelle
der Inspiration war.

Danke Poldi!

DAS UNIVERSUM

Könnten die Menschen auswandern und auf dem Mond leben?

Seit dem Beginn der Raumfahrt war der Mond nicht nur erstes Ziel der Menschen, sondern stellt durch seine Nähe in gewissem Sinne den nächsten Planeten dar, auf dem die Menschen im Notfall Zuflucht finden könnten. Doch ist die ewige Faszination vom Leben auf dem Mond tatsächlich ein realistischer Gedanke, wenn es darum geht, einen weiteren bewohnbaren Planeten auszumachen?

Die Antwort darauf ist zwiespältig, denn grundsätzlich ist der Mond kein natürlicher Lebensraum für die auf der Welt bekannten Lebewesen. Das liegt an der fehlenden Schwerkraft. Dadurch, dass sie auf dem Mond nicht existiert, kann sich keine Atmosphäre entwickeln, und ohne Atmosphäre besteht keine Überlebensmöglichkeit für Lebensformen, wie wir sie kennen.

Auf der anderen Seite verfügt der Mond durchaus über grundlegende Rohstoffe wie Sauerstoff und Kohlenstoff. Würde es der Mensch schaffen, bewohnbare Raumstationen auf dem Mond zu errichten, könnten dort tatsächlich dauerhafte, bewohnbare Siedlungen entstehen. Trotzdem müssten diese Siedlungen aber wahrscheinlich immer von der Erde aus versorgt werden. Abgesehen davon, dass dies technisch vielleicht sogar schon heute möglich wäre, ist es zumindest im Moment schlichtweg zu teuer, und es bleibt fraglich, ob sich das jemals ändern wird.

Was hat der Mond mit Ebbe und Flut zu tun?

Die Anziehungskraft des Mondes beeinflusst die Gezeiten (Ebbe und Flut) auf der Erde. Der Mond kreist um die Erde und beide zusammen um die Sonne. Das ist so, weil sich die drei Himmelskörper gegenseitig anziehen. Diese Anziehungskraft ist es auch, die das Wasser in den Meeren steigen und fallen lässt. Wenn der Mond also gerade über einem der Meere steht, ist er sehr nahe. Je näher er ist, desto stärker ist seine Anziehungskraft und das Wasser wird zu ihm »hingezogen«. Am Ufer herrscht dann Ebbe. Wandert er weiter, lässt seine Anziehungskraft nach und die Flut setzt ein, weil er das Wasser nicht mehr so stark zu sich hinzieht.

Wie kann die Sonne brennen, wenn es im All doch gar keinen Sauerstoff gibt?

In diesem Fall liegt ein kleines Missverständnis vor: Denn in Wirklichkeit »brennt« die Sonne keineswegs. Damit etwas brennen kann, braucht es Sauerstoff. Deshalb geht zum Beispiel eine Kerze aus, wenn man ein Glas darüber stülpt. Ohne Luft kann sich also keine Flamme entwickeln. Wenn man aber die Aufnahmen der Sonne betrachtet, sieht es wirklich aus, als wäre die ganze Kugel ein einziger Feuerball! Die Flammen, die man auf der Sonne sehen kann, entstehen aber nicht durch einen normalen Verbrennungsprozess, sondern durch Fusion.

Es gibt nämlich verschiedene Wege, auf denen Flammen entstehen können:

1. Chemische Flammen: Sie brauchen Sauerstoff, um zu brennen (Kerze und Co.).

2. Nukleare Flammen: Sie entstehen bei einer nuklearen Fusion. Doch was genau ist das nun wieder?

Eine Fusion ist etwas anderes als ein Brand, entwickelt aber auch enorme Energien. Diese entstehen, wenn die Kerne der Atome (Atom: der kleinste Baustein von allem, was fest, flüssig oder gasförmig ist) aufeinandertreffen und miteinander verschmelzen.

Ein Stern wie unsere Sonne benötigt also keinen Sauerstoff, um Hitze und Flammen entstehen zu lassen. Sie entwickelt die Energie sozusagen in sich selbst, weil auf ihr nukleare Fusionen stattfinden. Ein Nebenprodukt dieser unfassbaren Energie ist übrigens das Licht, das die Sonne ausstrahlt – und das wir bei uns auf der Erde sehen können.

Stimmt es, dass die Sonne in ungefähr 6 Milliarden Jahren explodieren wird?

Nein, die Sonne wird nicht in 6 Milliarden Jahren explodieren. Trotzdem kann man die Aussage kaum als gute Nachricht werten, denn das, was laut Astronomen in einigen Milliarden Jahren passieren wird, ist nicht gerade besser. Die Rede ist vom »Roten Riesen«, der letztlich alles Leben auf der Erde vernichten wird.

Laut Berechnungen der Wissenschaftler wird sich in den kommenden circa 6 Milliarden Jahren also Folgendes abspielen:

- Die Sonne wird zuerst weiter brennen wie bisher. Allerdings wird sie im Laufe der Zeit immer stärker und heller brennen. Grund dafür ist die Kernfusion, die im Inneren der Sonne stattfindet. Dabei verschmilzt Wasserstoff, der sich auf der Sonne befindet, unter einem unfassbaren Druck mithilfe einer Innentemperatur des Planeten von ungefähr 15 Millionen Grad Celsius zu Helium. Eigentlich funktioniert das Ganze wie ein Ofen, der sich immer weiter selbst befeuert. Die immer wieder stattfindende Kernfusion ist dabei das Feuer, das die Sonne immer heller und stärker brennen lässt. Man konnte herausfinden, dass sie, seitdem sie existiert, schon um circa 40 Prozent heller geworden ist.

- Schon in ungefähr einer Milliarde Jahren hat sich die Sonne dann um weitere 10 Prozent »erhitzt«. Für die Erde hat das zur Folge, dass die Kontinente zu diesem Zeitpunkt bereits nur noch aus Wüste bestehen werden.

- Nach weiteren zwei Milliarden Jahren ist die Sonne noch heißer geworden, was auf der Erde dazu führt, dass sämtliche Meere verdampfen.

- Nach den besagten sechs Milliarden Jahren ist auf der Erde schon lange kein Leben mehr und die Sonne hat den Wasserstoff, der die Kernfusion antreibt, verbraucht. Dadurch, dass der »Ofen« im Inneren der Sonne keinen Nachschub mehr bekommt, sinkt auch der Druck. Das hat wiederum zur Folge, dass der Planet letzten Endes sozusagen in sich zusammenstürzt. Doch durch diesen Zusammenbruch wird wieder neue Energie für eine gewaltige Kernfusion frei. Die Sonne bläht sich durch diese enorme Energiezufuhr auf das Hundertfache auf und wird damit zum »Roten Giganten/Riesen«.

- Durch ihre Ausdehnung wird die Sonne dann zum Beispiel den Merkur in ihre Umlaufbahn ziehen und »auffressen«.

Ob die Erde und andere Planeten dasselbe Schicksal ereilen wird, können die Forscher noch nicht genau berechnen. Man könnte sagen, dass das im Grunde auch schon egal wäre, denn jegliche Form von Leben wäre auf der Erde ja schon vorher nicht mehr möglich.

- Eine Milliarde Jahre später, also in ungefähr sieben Milliarden Jahren, ist die Sonne dann so heiß geworden, dass sie ihre eigene Hülle abstößt. Das passiert mithilfe unglaublich großer Ausbrüche an der Oberfläche, bis am Ende nur noch der kleinste Teil der Sonne übrig ist: der Kern. Er ist dann ungefähr so groß wie die Erde heute. Also im Vergleich zu der davor gigantischen Sonne ein »Ministern«.

- Nach einigen weiteren Milliarden Jahren wird dann auch dieser Kern verglüht sein und es bleibt nichts weiter als ein kleiner und erkalteter Stern.

Was ist eine Supernova?

Eine Supernova entsteht kurz vor dem Tod eines Sterns. Am Ende ihrer Lebensdauer haben Sterne ihren Brennstoff (siehe Seite 11: Brennt die Sonne?) komplett verbraucht und brechen dann unter ihrem eigenen Gewicht zusammen. Man kann auch sagen, der Stern explodiert. Den riesigen Feuerball, der kurz davor zu sehen ist, nennt man Supernova. Wie bei einem gigantischen Feuerwerk werden die Einzelteile des Sterns ins All versprengt. Aus diesen Bruchstücken können später wieder neue Sterne oder Planeten entstehen. Voraussetzung dafür ist allerdings das Gewicht des Sterns – ist er zu leicht, wie zum Beispiel unsere Sonne, reicht die Energie am Ende seines Lebens nicht aus, um das Lichter-Spektakel im Weltraum zu zünden.

Warum brauchen Raketen bei ihrer Rückkehr zur Erde Hitzeschutzschilder?

Die Erde ist von einer Art unsichtbarer Hülle umgeben, der Erdatmosphäre. Wenn bemannte Shuttles von ihren Reisen aus dem Weltraum zurück auf die Erde kommen, müssen sie und ihre Besatzungen jedes Mal den Moment des Wiedereintrittes in die Atmosphäre der Erde überstehen. Abgesehen davon, dass dieser Vorgang für die Astronauten an Bord nicht gerade zu den ruhigen Phasen einer Reise im All gezählt werden kann, ist auch die Raumfähre selbst hier gewaltigen Kräften ausgesetzt. Die Reibung beim Eintritt in eine Atmosphäre ist so stark, dass der Shuttle anfängt zu glühen. Seine äußere Hülle wird so heiß, dass sie das nur mithilfe von Hitzeschutzschildern überstehen kann.

Aber warum können die Shuttles nicht einfach bremsen, sodass der Übergang in die Atmosphäre langsamer und wesentlich unspektakulärer abläuft? Grundsätzlich wäre das möglich. Natürlich könnten die an Bord befindlichen Antriebe die Geschwindigkeit verringern und somit sozusagen bremsen. Doch dafür würde viel Treibstoff benötigt werden. Dieser ist sehr schwer und alles, was ein Shuttle mit in den Weltraum befördern muss, verbraucht zusätzliche Energie. Man würde also mehr Treibstoff mitführen, um die Rakete bei ihrer Ankunft abzubremsen. Doch um mehr Last zu befördern, wäre wiederum mehr Treibstoff nötig. Man bräuchte also noch mehr Treibstoff, um den zusätzlichen Treibstoff mitnehmen zu können. Deshalb lässt man lieber die Luft die Arbeit erledigen. Sie bremst die Rakete beim Eintritt in die Atmosphäre von selbst ab. Das Einzige, was man dazu benötigt, ist eine feuerfeste Schicht – ein Hitzeschutzschild, das aus extrem leichten Materialien besteht und somit wesentlich energiesparender ist als einige zusätzliche Tonnen Treibstoff.

Können Astronauten eigentlich im All waschen?

Diese Frage mutet zunächst etwas merkwürdig an, sie ist aber durchaus berechtigt. Wie machen die Astronauten das eigentlich mit ihrer Wäsche, wenn sie auf einer Mission im Weltall unterwegs sind? Waschen sie sie und hängen sie danach in der Raumfähre zum Trocknen auf? Spätestens an diesem Punkt der Überlegungen wird einem klar, dass das irgendwie anders funktionieren muss. Und das tut es auch, denn Wasser ist auf Reisen im All ein rares Gut. Es muss, wie alles, was die Astronauten brauchen, transportiert werden. Abgesehen davon wäre es mehr oder weniger schwierig, in einem Raum ohne Schwerkraft ein Gefäß mit Wasser zu füllen, ohne dass sich der gesamte Inhalt früher oder später überall verteilt.

Es ist für Astronauten also aus verschiedenen Gründen nicht möglich, ihre Wäsche zu waschen. Die Kleidungsstücke werden wie andere Vorräte auch genau berechnet und in ausreichender Menge mitgegeben. Kleidungsstücke, die auf der Erde in die Waschmaschine wandern würden, sind im All ein Fall für den Müll. Verschwenderisch dürfen die Astronauten damit aber trotzdem nicht umgehen. Aufgrund des Platzmangels in einer Raumfähre ist auch die Anzahl der Kleidungsstücke an Bord eher spärlich berechnet.

Wie kann es sein, dass es auf der Erde zur selben Zeit verschiedene Jahreszeiten gibt, wenn der größte Zeitunterschied auf der Welt nur zwei Tage beträgt?

Die Jahreszeiten auf der Erde hängen nicht mit der Zeit an sich zusammen. Sie entstehen aufgrund der Neigung der Erde. Denn sie kreist nicht aufrecht um die Sonne, sondern in einer »Schräglage« von 23 Grad, abweichend von der Senkrechten. Man kann sagen, dass die Erde etwas schief hängt und sich dabei gleichzeitig um sich selbst und um die Sonne dreht.

Der Zeitunterschied von »Tag auf der einen Seite der Erde und Nacht auf der anderen« hat mit der Drehung der Erde um sich selbst zu tun. Die Sonne kann immer nur eine Seite der Erde bestrahlen, nämlich die ihr gerade zugewandte. Deshalb ist immer gleichzeitig auf der einen Seite der Erde (der Sonne zugewandt) Tag und auf der anderen (abgewandte Seite) Nacht. So viel zum Thema Zeitunterschied.

Die Jahreszeiten entstehen dagegen durch die Neigung der Erde. Das heißt, während sich die Erde um die Sonne dreht, werden immer verschiedene Teile der Welt mit mehr Sonne bestrahlt als andere. Die Bereiche, die der Sonne dabei gerade am nächsten sind, sind dann auch automatisch diejenigen mit den meisten und intensivsten Sonnenstunden am Tag. Dort herrscht also Sommer. Die weiter entfernten Gebiete werden weniger erwärmt und befinden sich folglich in den Wintermonaten.

Warum haben Wolken verschiedene Farben?

Wolken entstehen aus Wasser, das zu kleinsten Tröpfchen verdunstet und sich dann in höheren Luftschichten sammelt. So weit, so gut. Dass es verschiedene Wolkenformen gibt, ist auch bekannt. Wie aber kann es sein, dass manche Wolken gleißend weiß am Himmel strahlen und andere in grauschwarzen Tönen scheinbar missmutig über die Lande ziehen?

Obwohl das Sonnenlicht aus vielen verschiedenen Farben besteht, sieht es für uns, wenn wir hineinblicken, rein weiß aus. Es ist normal, dass weißes Licht immer auch alle anderen Farben enthält. Es wirkt aber erst dann andersfarbig, wenn es gestreut oder gebrochen wird. Die kleinen Wassertröpfchen in einer Wolke brechen das Sonnenlicht nicht, sondern spiegeln beziehungsweise reflektieren es. Das Licht der Sonne wird also von den Wassertropfen der Wolke zurückgeworfen und wir sehen eine weiße Wolke.

Sehen wir dunkle Wolken am Himmel, liegt das an verschiedenen Einflüssen. Zum einen sind diese Wolken meistens dicker. Das heißt, dass das Sonnenlicht zum Teil von den Tropfenmassen im Inneren der Wolke verschluckt oder absorbiert wird. Ein Teil des Lichtes verschwindet sozusagen in der dicken Wolke – es wird nicht mehr gespiegelt und lässt sie dadurch dunkler wirken. Andererseits liegt es daran, wie die Sonne steht. Im Herbst steht sie nicht mehr senkrecht wie im Sommer und wird dadurch selbst mehr gebrochen als im Sommer, wenn das gleißende Licht direkt auf die Wolken trifft. Die gebrochenen Strahlen sind nicht mehr so hell und weiß und werden deshalb auch von den Wassertröpfchen der Wolke dunkler reflektiert und zurückgeworfen.

PHYSIK

Was besagt die einsteinsche Relativitätstheorie?

Albert Einstein hat herausgefunden, dass die Zeit relativ ist. Das heißt, dass eine Minute oder eine Stunde nicht immer in der gleichen Geschwindigkeit vergeht. Sie kann mal schneller und mal langsamer sein. Das hängt mit der Geschwindigkeit zusammen, mit der du dich selbst innerhalb dieser Zeit bewegst. Das Einzige, was immer in der gleichen Geschwindigkeit zu dir selbst bleibt, ist das Licht. Es wird immer um die gleiche Geschwindigkeit schneller sein als du selbst. Dabei ist es egal, ob du deine eigene Geschwindigkeit verlangsamst oder schneller wirst.

Warum ist die Erde rund?

Heute weiß jedes Kind, dass die Erde keine Scheibe ist. Aber warum ist sie eigentlich rund?

Um das zu verstehen, muss man in der Entstehungsgeschichte der Erde zurückgehen, bis an den Punkt, an dem alles begann. Diesen Punkt nennen wir Urknall. Direkt nach diesem Urknall entstand eine riesige Gaswolke, die im Laufe der Zeit in viele kleinere Gaswolken zerfiel. Innerhalb dieser einzelnen Wolken entstanden kleine Gasverdichtungen, die man sich wie Gaskugeln vorstellen kann. Diese Kugeln zogen sich immer mehr zusammen und entwickelten dabei Wärme. Genauso wurden auch Sand- und Gesteinsbrocken, die in den Gaswolken waren, aneinander gezogen. Der Grund dafür ist ein grundlegendes physikalisches Gesetz: Alle Dinge, die eine Masse besitzen, ziehen sich gegenseitig an. Irgendwann stießen all diese Teilchen zusammen und formten so die Planeten und damit auch die Erde.

Doch warum wurden die Planeten ausgerechnet Kugeln? Und keine Würfel oder ... Legosteine? Auch das hat mit einer physikalischen Kraft zu tun: der Schwerkraft. Das Besondere an dieser Kraft ist, dass sie in alle Richtungen gleichmäßig wirkt. Die Gesteinsmassen waren damals noch so heiß, dass alles flüssig war. Daher kann man sich die Entstehung der Planeten ungefähr so vorstellen: Es gab einen warmen, flüssigen Brei und immer, wenn etwas besonders herausragte, wurde es von der Schwerkraft wieder angezogen, bis eine relativ gleichmäßige Kugel entstand. Denn nur bei dieser Form kann die Kraft überall gleich stark sein.

Um ganz ehrlich zu sein, ist die Erde aber gar keine perfekt runde Kugel. Sie hat einen Bauch, genau dort, wo eigentlich nach unseren Schönheitsidealen die Taille sein sollte – nämlich am Äquator. Dadurch wird sie an den Polen etwas flacher und ähnelt doch eher einem Ei als einer perfekten Kugel. Schuld sind die Fliehkräfte. Durch die Drehung der Erde um sich selbst zieht es die Kugel entlang der Mitte etwas nach außen, weil hier die größten Kräfte wirken. Man kann sich das so ähnlich wie in einem Karussell vorstellen: Sobald es sich dreht, wird man auf den Sitzplätzen nach außen gedrückt. Bei der Erde drückt es deshalb alles etwas von den Polen weg, nach außen in Richtung des Äquators.

Warum spüren wir nicht, wie sich die Erde dreht?

Die Erde dreht sich nicht nur um die Sonne, sondern auch um sich selbst. Aber wenn man weiß, dass sich unser Planet, misst man am Äquator, mit sage und schreibe 1670 Kilometern pro Stunde (zum Vergleich: ein Formel-1-Auto fährt etwa 300 km/h) dreht, fragt man sich wohl automatisch, warum wir diese rasante Fahrt nicht mitbekommen. Dafür gibt es drei Gründe:

1. Die Atmosphäre, die sich mit dreht,
2. Fehlende Bezugspunkte,
3. Die Schwerkraft.

    1. Die Atmosphäre, von der unsere Erde wie eine Schutzschicht umgeben ist, dreht sich gemeinsam mit der Erde. Wäre das nicht der Fall, würde es uns die Atmosphäre sozusagen um die Ohren wehen. Gewaltige Stürme würden entstehen. Dadurch, dass sich die Erde dreht, entsteht aber auch Reibung – und diese Reibung zieht die Atmosphäre mit. Es ist ungefähr so, als würde die Erde die Atmosphäre anschubsen und mit sich reißen.

    2. Wenn man nachts in einem Zug oder Flugzeug sitzt und nach draußen schaut, kann man dort im Dunkeln nichts sehen. So bekommt man das Gefühl, man würde stehen. Denn erst durch Bezugspunkte, die sich selbst nicht bewegen, wie Landschaften oder Gebäude, an denen man vorbeirauscht, merkt man, dass man in Bewegung ist. Diese direkten Bezugspunkte fehlen uns bei der Drehung der Erde – denn schließlich dreht sich um uns herum alles mit.

    3. Doch spätestens die Fliehkräfte, die entstehen, wenn sich etwas bewegt, müssten wir spüren. Wie Obst im Mixer an den Rand gedrückt wird, müssten wir bei dem Tempo

(in unseren Breitegraden circa 1000 km/h) ganz einfach vom Planeten fliegen. Das passiert aber nicht, weil die Anziehungskraft der Erde, also die Schwerkraft, stärker ist als die Fliehkräfte, die durch die Bewegung der Erde entstehen.

Wir rasen also beinahe mit Schallgeschwindigkeit durch die Gegend und bekommen dank einiger physikalischer Raffinessen nichts davon mit.

Wie bewegen sich die tektonischen Platten der Erde?

Die tektonischen Platten der Erde sind ständig in Bewegung. Aber wie ist es möglich, dass sich diese riesigen Erdmassen bewegen können? Aus dem Erdinneren gelangt ständig heißes Magma an die Oberfläche. Hier kühlt es mit der Zeit ab und sinkt an anderer Stelle wieder nach unten. Dadurch entsteht eine Art

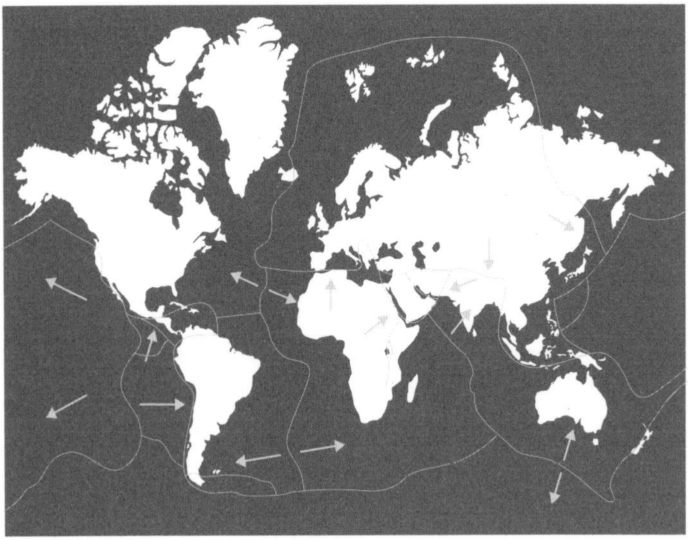

dickflüssige Masse, die sich bewegt. Die tektonischen Platten der Erde schwimmen sozusagen auf dieser Masse mit und werden dadurch bewegt. Es ist ungefähr so, wie wenn sich Eisschollen auf dem Meer bewegen. Sie werden aufeinander zu- und voneinander weggeschoben, und manchmal prallen sie auch aufeinander. Nichts anderes passiert mit den Erdplatten, allerdings in einem extrem langsamen Tempo.

Verschiebt sich die Erdachse bei einem Erdbeben wirklich?

Obwohl es schwer vorstellbar ist, kann ein Erdbeben die Erdachse tatsächlich etwas verschieben. Das Tōhoku-Erdbeben im Jahr 2011 hat die Erdachse zum Beispiel um ganze 10 Zentimeter verschoben. Leichte Verschiebungen im Laufe der Zeit sind allerdings ganz normal und entstehen durch die ständigen kleinen Massenverlagerungen in der Erde und der Atmosphäre. Schwere Beben wie das in 2011 lösen allerdings Verschiebungen aus, die wesentlich schneller als die »normalen« Bewegungen vonstattengehen.

Folgen der Verschiebungen sind unter anderem Veränderungen der Jahreszeiten und des Klimas.

Können wir genauso schnell sein wie das Licht?

Das Licht erreicht seine wahnsinnig hohe Geschwindigkeit deshalb, weil es keine Masse, also kein Gewicht hat. Ein Raumschiff aber hat ein Gewicht. Genauso wie ein Flugzeug, ein Mensch oder eine Silvesterrakete. Damit eines davon genauso schnell sein könnte wie das Licht, müsste erst einmal sein Eigengewicht auf Lichtgeschwindigkeit beschleunigt werden. Dazu wäre aber eine unendliche Menge an Energie nötig, die wir nicht haben oder herstellen können. Dann müsste diese Energie auch noch unendlich lange anhalten, weil sonst die Masse des Gegenstandes oder Körpers wieder anfangen würde, die Geschwindigkeit zu bremsen.

Wir können also leider nie so schnell sein wie das Licht. Es sei denn, wir könnten uns unserer gesamten Masse entledigen – aber das würde selbst mit der besten Diät nicht klappen.

Was ist eine Schallwelle und wie entsteht sie?

Alles, was wir hören können, verbreitet sich in Form von Schallwellen durch den Raum, bis diese an unser Ohr dringen.

Schallwellen sind nichts anderes als Schwingungen der Luft. Wird ein Geräusch produziert, breitet sich der Ton, der dabei entsteht, wie eine Welle im Raum aus. Dabei schwappt eine Welle in die andere und verbreitet den Schall immer weiter. Die Wellen kann man sich als Druck vorstellen, der, ausgelöst durch ein Geräusch, die Luft zum Schwingen bringt. Man kann den Schall dann überall im Raum wahrnehmen, also hören. Manchmal kann der Schall auch zurückgeworfen werden. Wenn der Ton dann zu uns zurückkommt, bezeichnen wir das als »Echo«. Man kann die Welle aber auch verstärken (mit einem Lautsprecher) oder aufhalten, also dämpfen.

Eine Schallwelle entsteht, indem eine Schallquelle, also zum Beispiel die Saite einer Gitarre, zum Schwingen gebracht wird. Zupft man an einer Saite, versetzt man sie mechanisch in Schwingung.

Die Saite bewegt sich hin und her und schubst damit auch die Luft, die sie umgibt, vor und zurück. Durch diese Vor- und Zurückbewegung der Luft entsteht die Schallwelle, die den Ton dann durch den Raum bis an unser Ohr trägt.

Wie sieht eine brennende Kerze in der Schwerelosigkeit aus?

Wenn man eine Kerze anzündet, passiert Folgendes: Eine Flamme entsteht, die Luft um diese Flamme erwärmt sich und steigt nach oben. Die kalte Luft wird nach unten gezogen. Es entsteht eine Art Kreislauf: Ist die kalte Luft unten am Ursprung der Flamme angekommen, wird sie erwärmt und wieder nach oben getrieben. Durch diesen Vorgang bekommt eine Flamme ihre typische aufrechte Form.

In einem Raum ohne Schwerkraft würde die schwerere, kalte Luft nicht nach unten sinken – weil sie nicht angezogen werden würde. Es würden kein Sog und damit keine nach oben gewandte Bewegung entstehen. Die Flamme würde also nicht aufrecht stehen, sondern eher wie eine Kugel aussehen.

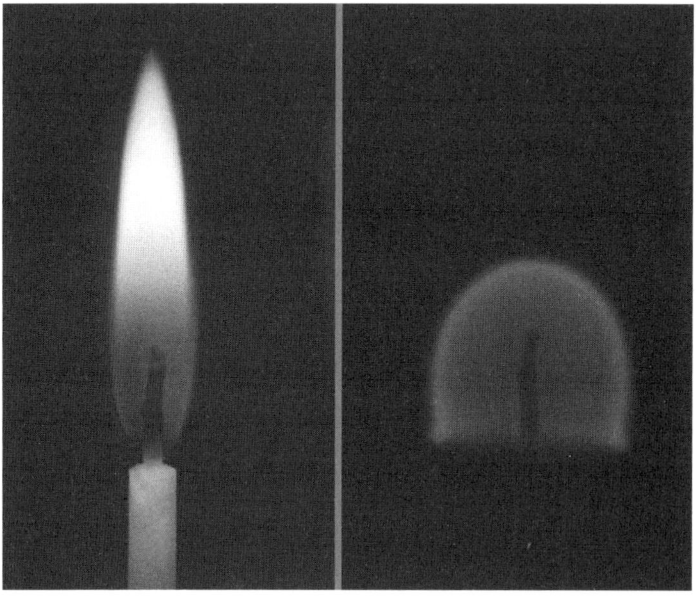

© NASA [Public domain], via Wikimedia Commons

Wie lange braucht ein Regentropfen vom Himmel bis auf den Boden?

Man kann diese Frage leider nicht generell beantworten, denn es hängt von vielen verschiedenen Einflüssen ab, wie lange ein Regentropfen fällt, bis er letztlich auf den Boden prallt. Wind und Temperatur können einen Tropfen entweder beschleunigen oder abbremsen. Außerdem ist der Boden nicht immer gleich weit vom Himmel entfernt und die Wolken befinden sich nicht alle in der gleichen Höhe. Trifft er auf den Gipfel eines Berges, ist der Weg von der Wolke, aus der ein Tropfen fällt, logischerweise viel kürzer, als wenn er erst im Tal aufkommt.

Was man aber berechnen kann, ist die Geschwindigkeit, mit der ein Tropfen fällt. Dabei muss man allerdings die Kräfte berücksichtigen, die auf den Tropfen wirken. Er wird von der Erdanziehung angezogen und beschleunigt und vom Luftwiderstand gebremst. Nimmt man einmal an, dass die Erdanziehung und der Luftwiderstand im Einklang sind, fällt ein Regentropfen eine gewisse Zeit lang mit gleichbleibender Geschwindigkeit von ungefähr 20 Kilometern pro Stunde.

Warum fliegt ein Flugzeug?

Eigentlich fast unglaublich: Ein riesiges, tonnenschweres Flugzeug hebt vom Boden ab und fliegt ganz selbstverständlich davon. Doch was passiert da, dass diese monströsen Maschinen tatsächlich dort oben bleiben und nicht wie Steine vom Himmel fallen?

Das alles funktioniert hauptsächlich wegen der Luft. Ohne sie könnten Flugzeuge nicht starten. Die Luft besteht aus unzähligen kleinsten Teilchen, den Molekülen. Diese Luftmoleküle kann man auch spüren, wenn einem zum Beispiel der Wind um die Nase weht. Sie haben also auf ihre Weise Kraft. Das sieht man auch gut, wenn der Wind die Bäume hin und her schüttelt. Es braucht aber noch eine zweite »Zutat«, damit ein Flugzeug fliegen kann, und das sind die Tragflächen. Die Erklärung liegt schon im Namen: Sie sind dafür da, das Flugzeug zu tragen. Dazu muss die Tragfläche eine ganz bestimmte Form haben. Sie ist so gebaut, dass die Luft, die auf die Tragfläche trifft, über sie hinwegströmt und am Ende wieder abfließen kann.

Deshalb sind Tragflächen auch nie einfach gerade gebaut, sondern so, dass sie hinten spitz zulaufen. Auf diese Weise strömen die Luftteilchen leichter darüber hinweg. Betrachtet man eine Tragfläche noch genauer, fällt auf, dass sie auf der oberen Seite leicht gewölbt ist. Auf der unteren Seite verläuft sie dagegen gerade. Die oberen Luftteilchen haben nun einen längeren Weg als die unteren und beeilen sich, damit sie gleichzeitig ankommen. Wenn die Luft über den Tragflächen aber schneller ist als diejenige, die am unteren Teil vorbeiströmt, entsteht ein Unterdruck, ein sogenanntes Vakuum. Dieser Unterdruck zieht die Luft am oberen Teil der Tragfläche nach oben – und damit auch die Tragfläche und am Ende das Flugzeug selbst. Man kann es sich auch so vorstellen, dass der Druck unter der Tragfläche größer ist – und das Flugzeug so nach oben drückt.

Das Ganze funktioniert aber nur, wenn die Luft mit großer Geschwindigkeit auf die Tragflächen prallt. Denn erst ab der richtigen Geschwindigkeit kann die Luft die Tragflächen tragen und somit zum Schweben bringen. Damit die Luftmoleküle die richtige Geschwindigkeit erreichen, um ein Flugzeug anzuheben, werden sie durch die Düsen, die an den Tragflächen angebracht sind, auf genau die richtige Geschwindigkeit beschleunigt.

Warum kann man an Flugzeugen nicht einfach einen Fallschirm für den Notfall installieren?

Die Idee, ein Passagierflugzeug im Notfall mithilfe eines Fallschirmes sicher zur Erde zu bringen, ist erst einmal gar nicht so abwegig. Das Problem sind aber die Größe und das Gewicht des Flugzeugs. Um eine durchschnittliche Passagiermaschine durch einen Fallschirm zur Landung zu bringen, würde man einen riesigen Schirm benötigen. So riesig, dass man ihn gar nicht im Flugzeug verstauen könnte, außer man würde eigens dafür vergrößerte Maschinen entwickeln.

Zum anderen wäre das Gewicht des Schirmes so groß, dass man viel mehr Treibstoff benötigen würde. Das würde eine Flugreise deutlich teurer machen. Hinzu kommen aber auch andere Hürden, warum die Idee am Ende verworfen werden muss. Zum Beispiel die Manövrierfähigkeit der Maschine: Bei einem Ausfall der Triebwerke kann ein Pilot ein normales Passagierflugzeug zu einem nahe gelegenen Flughafen oder Landeplatz segeln lassen. Mit einem monströsen Fallschirm wäre es viel schwieriger, punktgenaue Landungen durchzuführen. Das Flugzeug müsste so im schlimmsten Fall mitten in einer Stadt landen.

Warum blitzen manche Teller in der Mikrowelle?

Es gibt eine Art Geschirr, die es in sich hat, sobald man es in eine Mikrowelle stellt: Die Mikrowelle springt an und helle Lichtblitze funken durch das Gerät. Dieses Phänomen entsteht allerdings nur bei Geschirr mit einem Goldrand. Gold ist nämlich ein hervorragender Leiter für die Elektrizität in der Mikrowelle. An den goldenen Rändern kann in einer Mikrowelle nach kurzer Zeit eine so hohe Ladung aufgebaut werden, dass sie sich irgendwann in der Luft entlädt. Diese Entladungen können wir dann als Blitze sehen. Was spannend aussieht, kann aber auf Dauer das Gerät beschädigen, daher sollte man kein Geschirr mit Goldrand in die Mikrowelle stellen.

Warum fangen Waschmaschinen manchmal an zu hüpfen?

Man muss nicht nur aufpassen, wie viel Wäsche man in die Maschine gibt – sondern auch, wie schwer diese ist. Auf der Maschine ist in der Regel ein maximales Beladungsgewicht angegeben. Ist die Wäsche in der Maschine schwerer, kann das unangenehme Folgen haben. Wird die Kleidung nass, sammelt sich Wasser in ihren Fasern und sie wird schwerer. Dieser Wäscheberg formt sich durch die Drehbewegung der Maschine zu einem Knäuel. Das Knäuel wird durch die schnellen Drehungen der Trommel immer weiter beschleunigt, sodass eine große kinetische Kraft entsteht. Diese Kraft kann zusammen mit dem Gewicht der Wäsche so stark werden, dass die Maschine aus ihrer Position gebracht wird. Sie fängt an zu hüpfen. Wenn so etwas oft passiert, wird die Maschine Schaden nehmen, weil die Aufhängung der Trommel durch die Schläge zunehmend ausgeleiert wird.

Warum ist das Essen in der Mitte des Tellers immer wärmer als am Rand?

Den Trick lernt man schon als Kind: die heiße Suppe immer schön vom Rand des Tellers essen, denn da ist sie schon deutlich kühler als in der Mitte. Warum das so ist, kann mithilfe der Physik erklärt werden. Genauer gesagt mit den Regeln der Wärmelehre. Wenn eine heiße Suppe in einen Teller gefüllt wird, passiert Folgendes: Als Erstes breitet sich die Wärme der Suppe langsam auf dem Teller aus. Wärme aus der Suppe geht also an den Teller verloren, da dieser leicht aufgewärmt wird. Das führt bereits zu einem leichten Abkühlen der Suppe. Da der Suppenteller am Rand aber meist flacher ist als in der tiefen Mitte, befindet sich dort auch nicht so viel von der heißen Suppe. Weniger Suppe = weniger heiße Teilchen, die sich gegenseitig wärmen = mehr Wärmeverlust an den kalten Teller. Am Rand geht das Abkühlen also wesentlich schneller als in der Mitte – denn wo mehr von der heißen Flüssigkeit vorhanden ist, braucht es auch länger, bis ihre Wärmeenergie abgebaut ist.

Es gibt noch einen zweiten Trick aus der Welt der Wärmelehre: Pusten. Durch das Pusten wird der warme Dampf über dem Gericht entfernt und mit ihm Wärme. Wer diese Tricks kennt, kann sich nicht mehr so schnell die Zunge verbrennen.

Und warum ist der Himmel jetzt noch mal blau?

Das Licht jeder Farbe besteht aus Wellen. Diese Wellen sehen unterschiedlich aus: Manche sind lang gezogen und haben größere Abstände zwischen den Wellenbergen, andere bestehen aus kurzen spitzen Wellen. Blaues Licht hat relativ kurze Wellenlängen. Die Strahlen der Sonne treffen auf ihrem Weg zur Erde im Himmel auf kleinste Teilchen in der Luft (Sauerstoff und Stickstoff). Von diesen kleinen Teilchen wird das Licht abgelenkt – man sagt auch: gestreut. Da das blaue Licht kurze Wellen hat, wird es von den Teilchen, auf die es trifft, stärker verstreut als das anderer Farben. Somit wird das blaue Licht besser verteilt als zum Beispiel Grün oder Gelb, und deshalb sieht der Himmel bei schönem Wetter und viel Sonnenschein blau aus.

DER MENSCH

Gibt es die »innere Uhr« wirklich?

Jeder hat eine Art »innere Uhr«, auf die man sich mehr oder weniger gut verlassen kann. Manche Menschen können damit die ungefähre Tageszeit bestimmen, andere sind imstande, einem beinahe auf die Minute genau zu sagen, wie viel Uhr es gerade ist. Was steckt hinter dieser Fähigkeit?

Es gibt einen Bereich im Gehirn, der sich in unmittelbar Nähe der Sehnerven befindet. Dieser Bereich nennt sich *Nucleus Suprachiasmaticus* und empfängt Signale aus den direkt unter ihm verlaufenden Sehnerven. Mithilfe dieser Signale, die vor allem hell und dunkel wiedergeben, kann der *Nucleus Suprachiasmaticus* entsprechende Botenstoffe in den Körper senden. Er informiert den Körper sozusagen darüber, in welcher Tages- oder Nachtzeit er sich gerade befindet. Somit ist er auch für den Schlaf- und Wachrhythmus des Körpers zuständig. Jeder Mensch verfügt über dieses »System« und ist damit in der Lage zu spüren, in welchem Tages- oder Nachtabschnitt er sich gerade befindet. Wie gut das gelingt, hat auch immer etwas mit Übung zu tun. Um die innere Uhr wieder besser zu trainieren, kann man für einige Wochen oder Monate zum Beispiel einfach einmal die Armbanduhr weglassen. Es ist erstaunlich, wie schnell und wie genau die körpereigene Uhr dann funktioniert.

Wie funktionieren die Clips, die man im Krankenhaus an den Finger gesteckt bekommt?

Die kleinen Clips oder Klammern, die man manchmal bei einem Aufenthalt im Krankenhaus an einen Finger bekommt, nennen sich »Pulsoximeter«. Die Bezeichnung ist auch eine Erklärung dafür, wozu diese merkwürdigen elektronischen Klammern gut sind: Sie messen den Puls und den Gehalt des Sauerstoffes im Blut. Aber wie kann das funktionieren, ohne dass man gestochen wird? Das Zauberwort heißt in diesem Fall: Licht.

Die Klammer wird an einer Körperstelle angebracht, die gut zu durchleuchten ist, wie zum Beispiel am Finger. Ein Ohrläppchen oder Zeh tut es natürlich auch. Sie besteht aus einer Lichtquelle, die Infrarot-Lichtsignale aussendet, und einem Sensor, der das ausgesendete Licht aufnehmen kann. Der Finger des Patienten wird also vom Licht »durchstrahlt«. Der Sensor nimmt dabei wahr, wie gut das Licht auf der anderen Seite ankommt. Da das Blut, das mit Sauerstoff angereichert ist, eine andere Farbe hat als das, in dem sich weniger Sauerstoff befindet, trifft das Licht unterschiedlich stark auf den Sensor. Je nachdem, wie stark das Licht auf den Sensor trifft, kann das Gerät ausrechnen, wie viel Sauerstoff sich im Blut befindet. Der Puls wird sozusagen nebenbei mitgemessen, weil das durchleuchtete Blut ja durch den Herzschlag in einem gewissen Takt durch die Adern gepumpt wird. Dieser Takt wird von der Klammer aufgezeichnet.

Warum sind Kinder bei einem Sturz oder ähnlichen Unfällen oft weniger schwer verletzt als Erwachsene? Und warum ist es bei Autounfällen genau umgekehrt?

Man hört immer wieder Berichte von Unfällen, bei denen Kinder, die den gleichen Unfall erlebt haben wie Erwachsene, weniger schwere Verletzungen davontrugen. Aber warum ist das so?

Die Erklärung dazu ist ebenso logisch wie einleuchtend: Wenn ein Erwachsener stolpert und stürzt, prallt er mit einem viel höheren Körpergewicht auf den Boden, als das bei einem Kind der Fall wäre. Es ist also zum einen die höhere Belastung des Körpers, die durch mehr Gewicht verursacht wird. Zum anderen spielt die Beschaffenheit der Knochen eine wichtige Rolle. Die Knochen von Kindern befinden sich noch im Wachstum, das heißt, sie sind flexibler als die bereits ausgewachsenen Knochen von Erwachsenen. Flexiblere, also »biegsamere« Knochen brechen nicht so schnell wie ausgewachsene, starre Knochen. Gewicht und Beschaffenheit der Knochen sind zwar ausschlaggebend für die geringere Verletzungsgefahr von Kindern, wenn es um Stürze et cetera geht. Es gibt aber auch eine Kehrseite der Medaille. Denn wenn es sich um einen Unfall mit dem Auto handelt, sind meist Kinder diejenigen, die den größeren Schaden davontragen. Auch dafür gibt es eine logische Erklärung: Bei einem Aufprall eines Fahrzeuges auf ein Hindernis entsteht Energie. Diese Energie wird auf die Körper der Insassen übertragen. Dadurch, dass der Körper eines Erwachsenen größer ist als der eines Kindes, kann er die auf ihn übertragene Energie besser aufnehmen. Ein kleinerer Körper wird derselben Energie ausgesetzt, nimmt also genauso viel Kraft von einem Aufprall auf, hat aber wesentlich weniger Fläche, um sie zu verteilen. Deshalb sind Kinder bei einem Autounfall meistens schwerer verletzt als die ausgewachsenen Insassen.

Wie erkennt man den Unterschied zwischen einer Grippe und einem Schnupfen – und was passiert dabei in unserem Körper?

Um diese Erfahrung kommt wohl niemand herum: Man wird Opfer einer Grippe! Aber stopp – woher weiß man überhaupt, ob die lästigen Symptome, Halsschmerzen, Niedergeschlagenheit und Husten, Vorboten einer »echten« Grippe sind? Vielleicht handelt es sich ja auch um einen grippalen Infekt? Im Zweifelsfall sollte man immer einen Arzt aufsuchen. Er kann genau feststellen, um welche Krankheit es sich handelt. Denn mit einer richtigen Grippe ist nicht zu spaßen. In Deutschland erkranken jährlich ungefähr 10 Millionen Menschen an Grippe. Dabei handelt es sich nur um gemeldete Grippefälle. Man geht von einer weit höheren Dunkelziffer aus, weil viele der Erkrankten nicht zum Arzt gehen und so auch nicht erfasst werden. Doch Vorsicht ist auf jeden Fall geboten, denn eine Grippe kann im Verlauf, oder wenn sie nicht vollständig auskuriert wurde, sogar zum Tod führen. Deshalb: Gehen Sie zum Arzt. Er wird erkennen, ob es sich um eine Grippe oder einen grippalen Infekt handelt.

Ein grippaler Infekt ist im Grunde eine starke Erkältung und damit weitaus harmloser für den Körper als eine Grippe, die sogenannte »Influenza«.

Eine Grippe äußerst sich zunächst zwar durch dieselben Symptome wie ein grippaler Infekt, mit Kopf- und Gliederschmerzen, Halsweh und Husten, sie kommen aber viel schneller – oft innerhalb weniger Stunden – und dauern länger an. Außerdem sind sie in der Regel stärker ausgeprägt.

Eine Erkältung schleicht sich eher langsam an und es können Tage vergehen, bis die Krankheit wirklich voll ausgebrochen ist.

Unangenehm ist beides, keine Frage. Aber was ist der Unterschied und was geschieht in unserem Körper?

Der Unterscheid besteht bei den Erregern, die diese Krankheiten auslösen:

Für einen grippalen Infekt können viele verschiedene Erreger, Bakterien oder Viren, verantwortlich sein. Hingegen kommt für eine Grippe nur ein Virus infrage: der sogenannte Influenza-Virus. Von ihm gibt es drei Arten: Influenza A, B und C. Typ C ist der harmloseste Erreger. Typ B ist bereits etwas gefährlicher, äußert sich aber im Grunde wie eine normale Erkältung. Der gefährlichste Erreger ist Typ A. Vor allem Menschen mit einem schwächeren Immunsystem sind gefährdet. Das betrifft zum Beispiel ältere Menschen, Kinder oder schwangere Frauen. In diesen Fällen kann es passieren, dass der Körper den Erreger nicht vollständig abwehren kann und Folgeerkrankungen entstehen, die unter anderem ebenfalls lebensbedrohlich sein können. Sie befallen zum Beispiel die Organe oder Muskeln, indem sie dort Entzündungen hervorrufen. Besonders schwierig ist es, wenn lebenswichtige Organe wie das Herz betroffen sind.

Das größte Problem bei Influenza-Viren ist, dass sie sich ständig verändern. Dadurch kann der Körper keine passenden Abwehrzellen bereitstellen, wie es zum Beispiel bei grippalen Infekten der Fall ist.

Was passiert im Körper, wenn man sich mit den Viren infiziert?

Viren dringen hauptsächlich durch die Schleimhäute, also Augen, Nase und Mund, in den Körper ein. Dort befallen sie die gesunden Zellen des Körpers und vermehren sich in ihnen. Durch das Vermehren zerstören sie die Zellen mit der Zeit. Es gibt immer mehr Viren und immer weniger gesunde Zellen – die Krankheit nimmt den Körper nach und nach ein.

Was kann man tun, um einer Grippe vorzubeugen?

Das Wichtigste ist Hygiene. Man sollte sich in Zeiten, in denen Grippeerreger am aktivsten sind, also im Herbst und im Frühjahr, noch sorgfältiger an die gängigen Hygieneregeln halten. Vor allem regelmäßiges Händewaschen ist ein guter Weg, um lästige Viren loszuwerden. Darüber hinaus sollte man auf eine gesunde Ernährung und ausreichend Bewegung an der frischen Luft achten und möglichst vermeiden, Menschen, die bereits erkrankt sind, zu nahe zu kommen. Außerdem kann man sich einmal im Jahr (im Herbst) gegen Grippeviren impfen lassen. Die Impfung bedeutet aber nicht, dass man überhaupt nicht krank werden kann. Denn gegen die unzähligen Viren, die für grippale Infekte verantwortlich sind, gibt es keinen Impfstoff. Er wirkt lediglich bei Influenza-Viren, was aber für Menschen mit einem schwächeren Immunsystem lebensrettend sein kann.

Warum lindert Eis auf Wunden den Schmerz?

Verletzt man sich, reagiert der Körper sofort: zunächst mit einer Blutung und später mit Schwellung und Schmerz. Wie kann Eis, das man auf die geschwollene Wunde gibt, den Schmerz verringern?

Ist eine Wunde verschlossen, schmerzt aber, hat das folgende Ursachen: Die Blutgefäße um die Wunde erweitern sich, damit mehr Blut an den Ort des Geschehens transportiert werden kann. Im Grunde reagiert der Körper mit einer schmerzhaften Entzündung. Das ist jedoch wichtig, da sich ja im Blut die Helfer befinden, die zur Heilung beitragen und vor Infektionen schützen. Außerdem kann mithilfe der angespülten Zellen auch die Reparatur der geschädigten Stelle vorangetrieben werden. Diese Maßnahme des Körpers ist leider oft mit Schmerzen verbunden. Wenn man die Wunde kühlt, ziehen sich die Blutgefäße durch die Kälte wieder zusammen. Es kommt weniger Blut an den defekten Bereich und Entzündung und Druck lassen nach. Hinzu kommt, dass durch die Kälte die Nerven rund um die Wunde quasi »eingefroren«, also verlangsamt werden. Sie leiten den Schmerz dann nicht mehr so schnell zum Gehirn wie zuvor.

Warum schreien wir auf, wenn wir Schmerzen haben?

Wird man unverhofft von einem starken Schmerz getroffen, schreit man auf. Kann man sich etwa nicht zusammenreißen oder steckt ein anderer Grund hinter dieser spontanen Reaktion? Auch hier hat die Natur eine sinnvolle Einrichtung kreiert. Denn der Schmerzensschrei hat gleich mehrere überlebenswichtige Funktionen für den Menschen, aber auch für beinahe sämtliche Tierarten:

1. Warnung für Artgenossen,
2. Hilferuf,
3. Erschrecken des Angreifers,
4. Verminderung der Schmerzen.

Für den modernen Menschen haben die ersten drei Gründe nicht mehr die Bedeutung einstiger Zeiten, aber es wird wohl noch sehr lange dauern, bis die Evolution dieses Phänomen für komplett überflüssig hält und verschwinden lässt. Denn ursprünglich war der Schmerzensschrei eine Überlebensstrategie. Wurde ein Mensch angegriffen und verletzt, entfuhr ihm ein durchdringender Schrei, der weit zu hören war. Auf diese Art wurden die anderen seiner Gruppe vor der Gefahr gewarnt und konnten fliehen. Gleichzeitig war der Schrei aber auch der letzte Hilferuf an die Sippe. Im Glücksfall führte er dazu, dass die anderen Mitglieder der Gruppe dem Verletzten zu Hilfe eilten. Gemeinsam konnte ein Angreifer dann ausgeschaltet werden beziehungsweise das Opfer (falls es noch lebte) zum Unterschlupf gebracht und gepflegt werden.

Doch der Schrei hatte eine weitere Funktion: In manchen Fällen konnten so die Angreifer erschreckt werden, sodass sie von dem Opfer abließen und sogar die Flucht ergriffen, auch aus Angst vor Hilfe aus der Gruppe.

Aber der Mensch kann instinktive Handlungen nicht einfach ablegen. Außerdem gibt es auch heute noch einen bedeutsamen Grund für den Schmerzensschrei: Forscher haben herausgefunden, dass Menschen, wenn sie beim Eintreten eines Schmerzes schreien dürfen, diesen wesentlich länger ertragen und ihn als weniger schmerzhaft empfinden. Durch das laute Schreien wird der Körper in eine Art Panikzustand versetzt und produziert mehr von dem Stresshormon Cortisol. Cortisol steigert die Leistungsfähigkeit (zum Beispiel als Helfer für eine Flucht) und lässt gleichzeitig die Schmerzempfindlichkeit sinken. Wer schreit, verspürt also weniger Schmerz (wenn auch nur für relativ kurze Zeit).

Jungs spielen mit Autos – Mädchen mit Puppen. Richtig? Und wenn ja, warum?

Das alte Klischee, dass Jungen bevorzugt mit Autos spielen, während sich die kleinen Damen lieber mit Puppen beschäftigen, wird bei Beobachtungen im Alltag oft bestätigt. Sieht man die Kleinen vertieft in ein Spiel, ist es meistens tatsächlich so, dass sie sich nach genau diesem Muster verhalten. Da stellt sich die Frage, ob es den Kindern einfach in die Wiege gelegt ist oder ob es sich eher um ein von den Eltern anerzogenes Verhalten handelt.

Zu diesem Thema existieren drei Theorien. Zwei davon gibt es schon länger, während die dritte noch relativ jung ist. Beginnen wir mit den beiden älteren:

1. Man geht davon aus, dass sich Kinder ungefähr ab einem Alter von 1 ½ Jahren ihres Geschlechtes bewusst werden. Wenn sie dann grob zuordnen können, ob sie männlich oder weiblich sind, fangen sie an, sich an den erwachsenen Vorbildern zu orientieren. Sie beobachten gleichgeschlechtliche Erwachsene wie Vater und Mutter und beginnen nach einiger Zeit, sie nachzuahmen.

2. Bei dieser Theorie lautet das Zauberwort: Bestätigung. Die meisten Eltern reagieren mit Freude und Zuwendung, wenn ihr Kind, der geschlechtlichen Rolle entsprechend, das »richtige« Spielzeug wählt. Greift ein Junge aber zu einer Puppe, kann es zu entsprechend negativen Reaktionen der Eltern kommen, die ihnen unter Umständen kaum oder gar nicht bewusst sind. Kinder haben bekanntlich unglaublich feine Sensoren, vor allem für das Verhalten ihrer Eltern. Denn sie möchten lernen und gefallen. Das heißt, dass manchmal schon eine Sekunde des Zögerns ausreichen kann, um ein Kind zu verunsichern. Merkt das Kind dann, wie die Eltern positiv auf ein »passendes« Spielzeug reagieren, wird es in Zukunft lieber dieses wählen. Man hat diesbezüglich inzwischen ebenfalls herausgefunden, dass eine gewisse Veranlagung dazu beiträgt, dass Jungen tatsächlich lieber zu Autos und Mädchen zu Puppen greifen. Das hat einen genetischen Hintergrund, denn Jungen sind seit jeher diejenigen, die ihre Motorik (ihre Bewegungen) zum Jagen, Verteidigen oder Kämpfen nutzen. Mädchen konzentrieren sich auf den häuslichen, eher fürsorglichen Teil. Und genau dieser genetische Hintergrund hat die Forscher auf eine neue Theorie gebracht:

3. Man geht heute davon aus, dass Jungen und Mädchen schon wenige Monate nach ihrer Geburt verschiedene motorische Veranlagungen haben. Demnach machen Jungen diejenigen Bewegungen mehr Spaß, die zu ihrer genetischen Urveranlagung passen, wie gröbere motorische Handlungen, die eher

auf Bewegung, Zielen und Ausdauer ausgerichtet sind. Mädchen beschäftigen sich dagegen lieber mit sanfteren Spielen, bei denen sie ihre Fürsorglichkeit üben und ausleben können.

Am Ende ist wahrscheinlich in jeder der drei Voraussetzungen, die die Theorien beschreiben, etwas Richtiges, das die meisten Kinder dazu bringt, sich entsprechend zu verhalten.

Warum soll man auf der linken Seite schlafen?

Die meisten Menschen sind Seitenschläfer, aber viele achten nicht darauf, auf welcher Seite sie am liebsten schlafen. Denn es stimmt – und ist inzwischen nachgewiesen –, dass die Seite, auf der wir schlafen, sich auf Funktionen unseres Organismus auswirkt. Das hängt mit der Anatomie unseres Körpers zusammen, also damit, wo im Körper sich die Organe befinden und wie sie platziert sind. Aufgrund unserer Anatomie ist es besser, auf der linken Seite zu schlafen. Aber warum?

1. Das Herz liegt für gewöhnlich im linken Bereich unserer Brust. Jetzt könnte man denken, dass es folglich besser wäre, auf der rechten Seite zu schlafen, damit das Gewicht des Körpers nicht darauf lastet. Ein logischer Gedanke, der allerdings durch die Anatomie des Herzens in den Hintergrund rückt. Die Hauptschlagader, die sogenannte Aorta, führt oben aus dem Herzen heraus und dann weg vom Herzen in den Bauchraum. Dafür ist sie nach links gebogen. Das heißt, wenn man auf der linken Seite liegt, unterstützt man das Herz bei seiner Arbeit, weil das Blut auf diese Weise einfach nach unten fließen kann. Liegt man rechts, muss das Blut vom Herzen sozusagen erst nach oben gepumpt werden, bis es »um die Kurve« der Aorta geflossen ist. Das ist für das Herz wesentlich anstrengender.

2. Die Milz wird beim linksseitigen Schlafen ebenfalls unterstützt. Denn auch sie liegt im linken Bereich des Körpers und ist dort für die Blutreinigung zuständig. Liegt man nachts auf der linken Seite, können die Abfallstoffe, die vom Blut zur Milz abtransportiert werden, einfacher befördert werden. Sie müssen dann nicht noch zusätzlich von einer Seite zur anderen gebracht werden.

3. Das Lymphsystem wird entlastet. Es ist dafür zuständig, die Abfallstoffe des Blutes zur Milz zu bringen. Wie bereits in Punkt 2 beschrieben, kann man diesen Transport erleichtern, indem man sich auf die linke Seite legt.

4. Sodbrennen nimmt ab. Menschen, die mehr auf der rechten Seite schlafen, haben im Schnitt doppelt so oft Sodbrennen wie »Linksschläfer«. Auch das hängt mit der Anatomie des Körpers zusammen: Die Speiseröhre, die den Essensbrei vom Mund in den Magen befördert, befindet sich rechts am Mageneingang. Wenn man auf der rechten Seite liegt, kann der Speisebrei aus dem Magen wieder zurück in die Speiseröhre gedrückt werden und somit unangenehmes Sodbrennen verursachen.

5. Die Verdauung wird automatisch unterstützt. Denn auch die wichtigen für die Verdauung zuständigen Organe, wie Bauchspeicheldrüse und Magen, befinden sich auf der linken Seite des Körpers. Schläft man links, können die Enzyme der Bauchspeicheldrüse einfacher transportiert werden und die Magensäfte besser abfließen. Außerdem drückt der Magen, wenn man auf der rechten Seite liegt, auf die Bauchspeicheldrüse und erschwert ihr dadurch die Arbeit.

Es gibt also gleich mehrere Gründe, warum es besser ist, auf der linken Seite zu schlafen. Natürlich muss nun nicht jeder von heute auf morgen seine Schlafgewohnheiten umstellen. Aber der

Körper dankt es, wenn man sich daran erinnert und sich häufiger auf der linken Seite schlafen legt.

Warum streckt man sich morgens nach dem Aufwachen?

Eine Bewegung, die fast jeder macht, wenn er erwacht, ist die Streckbewegung. Meistens nehmen wir diesen Vorgang nicht bewusst wahr, und wenn doch, ist es immer ein angenehmes Gefühl. Warum ist das so und was haben wir davon?

Wie zu erwarten, macht auch diese allmorgendliche Bewegung für unseren Körper Sinn. Wenn wir uns am Abend schlafen legen, wird unser Körper zunehmend ruhiger. Diese Ruhe bringt Entspannung – nicht nur für das Gehirn, sondern für den gesamten Körper. Dabei entspannen sich auch die Muskeln, sie erschlaffen. Schlaffe Muskeln sind kürzer als angespannte und gestreckte Muskeln. Morgens nach dem Aufwachen wird dieser Zustand durch eine Art Minisensoren (bestimmte Nerven) wahrgenommen und an das Gehirn weitergegeben. Dieses reagiert und macht die schlaffen Muskeln sozusagen fit für den Tag, indem es sie veranlasst, sich zu strecken und zu dehnen. Durch diese Bewegung werden die Muskeln wieder länger und damit bewegungsfähiger. Meistens atmet man, während man sich streckt, auch tiefer ein. Das passiert durch die Dehnung im Brustkorb. Das hat den günstigen Nebeneffekt, dass in diesem Moment mehr Luft in die Lungen fließen kann. Dieses Plus an Sauerstoff kommt nicht nur dem Gehirn, sondern auch den Muskeln selbst zugute. Denn mehr Sauerstoff macht den Körper wacher und leistungsfähiger.

Man streckt sich daher nicht nur nach dem Schlafen, sondern auch, wenn man länger gesessen hat. Strecken ist also die körpereigene, gesunde Form eines Weckers.

Warum müssen manche Menschen husten, wenn sie sich die Ohren sauber machen?

Es passiert nicht jedem, aber einige Menschen haben sich wohl schon gewundert, warum sie husten müssen, wenn sie ihre Ohren mit einem Wattestäbchen reinigen. Grund dafür ist der Vagus-Nerv. Er ist dafür zuständig, Informationen vom hinteren Teil des Halses und vom Innenohr an das Gehirn zu senden. Bei manchen Menschen überschneiden sich die Signale im Vagus-Nerv und werden sozusagen vermischt. In diesen Fällen wird das Signal, dass etwas im Ohr kratzt, wie bei jedem anderen Menschen auch von einem Zweig des Nervs zum Gehirn geleitet.

So weit, so gut. In dem Moment, in dem der Zweig vom Ohr aber mit dem des Halses zusammentrifft, entsteht eine Art Verwechslung. Denn der Zweig, der zum Hals gehört, übernimmt das Signal beziehungsweise den Reiz. Dadurch wird das Husten ausgelöst: Der Hals hat das Gefühl, gekratzt zu werden, und wehrt sich mit einem Husten oder Räuspern.

Dieses Phänomen haben nur sehr wenige Menschen, und meistens auch nur bei einem Ohr. Außerdem bestehen dadurch keinerlei Gefahren für die Gesundheit.

In kaltem Wasser verliert man Energie, weil Wärme entzogen wird. Warum bekommt man Energie nicht zurück, wenn man in warmem Wasser badet?

Unser Körper produziert ständig Energie. Alle Vorgänge, die rund um die Uhr in uns stattfinden, erzeugen Energie und damit auch Wärme. Wärme ist nichts anderes als eine Form von Energie. Begeben wir uns in kaltes Wasser, wird der Körper abgekühlt. Wird er so weit abkühlt, dass seine Temperatur unter die normale Körpertemperatur sinkt, fängt er automatisch an zu »heizen«, das heißt, Wärme zu erzeugen. Dieser Vorgang wiederum benötigt Energie. Er ist vergleichbar mit einem Ofen: Kühlt er aus, muss Holz nachgelegt werden, damit er wieder Wärme erzeugen kann. Befindet sich der Körper nun in zu kaltem Wasser, zieht er Energie von seinen Brennstoffen beziehungsweise Reserven ab. Diese befinden sich zum Beispiel in der Nahrung. Das heißt, kaltes Wasser entzieht dem Körper tatsächlich auf Dauer Energie.

Dann müsste doch warmes Wasser dem Körper Energie zuführen? Ja und nein. Badet man in warmem Wasser, muss der Körper keine Energie abgeben, um zu »heizen«. Er ist eher damit beschäftigt, die Temperatur etwas herunterzukühlen, was wesentlich weniger Energie benötigt, als sie zu erhöhen. Das heißt, dass in warmem Wasser weniger Energie verbraucht wird als in kaltem, und der Körper weniger Aufwand betreiben muss. Nichtsdestotrotz bekommt man durch das warme Wasser keine Energie zugeführt. Man kann also sagen, dass warmes Wasser wie ein Energiesparer wirkt und den Körper entlastet. Wird die Temperatur aber zu hoch, kehrt sich der Effekt um, was wiederum schlecht für den Organismus ist.

Wie kann Radioaktivität unser Erbgut verändern?

Jeder Mensch verfügt über eine ihm eigene DNS, Desoxyribonukleinsäure. Die DNS ist nichts anderes als eine Kette im Kern unserer Zellen, auf der unsere Erbinformationen gespeichert sind (siehe Seite 56: Was ist eigentlich DNA beziehungsweise DNS?). Hier befinden sich also die gesamten Informationen darüber, wie unser Körper wachsen wird, inklusive aller Besonderheiten.

Trifft radioaktive Strahlung auf diese Kette, bricht sie. Dabei ist entscheidend, wie stark die Strahlung ist. Bis zu einem gewissen Grad ist die DNS in der Lage, sich selbst zu reparieren. Ist sie an zu vielen Stellen gebrochen, kann der Körper sie entweder gar nicht mehr zusammenfügen oder er setzt die falschen Stücke aneinander.

Unser Körper verfügt also über eine Art Reparaturservice. Dabei handelt es sich um Zellen, deren Aufgabe es ist, entstandene Schäden wieder in Ordnung zu bringen. Diese Zellen können aber auch überfordert sein. Genau das ist der Fall, wenn man zu starker radioaktiver Strahlung ausgesetzt war. Die DNS wurde an so vielen Stellen getrennt und die Teile so durcheinandergebracht, dass es den Helferzellen nicht mehr möglich ist, die ursprüngliche Ordnung wiederherzustellen. Das Ergebnis sind schwerwiegende Krankheiten, die mitunter bis zum Tod führen beziehungsweise verschiedene Missbildungen des Körpers verursachen können.

Wie reagiert der Körper, wenn man aufhört, sich zu waschen?

Die verblüffende Antwort lautet: Er wäre gesünder! Wenn man aufhören würde, sich regelmäßig zu waschen, würde der Körper wieder in seinen »Ur-Zustand« zurückkehren. Das heißt, Haut und Haare würden sich erholen und wieder auf ihre natürlichen Schutzschilde zugreifen können. Die Schutzschilde, die Haut und Haare umgeben, entstehen zum Beispiel in der Haut selbst. Dort gibt es verschiedene kleine Kraftwerke, die Drüsen, die eine Art Schutzfilm herstellen. Durch die ständige Behandlung mit Seifen, Deodorants und anderen Kosmetika werden diese Schutzschilde beschädigt beziehungsweise gänzlich zerstört. Daher trocknen Haut und Haare zunehmend aus und können sich nicht mehr selbst vor Seifen und Shampoos schützen.

Wenn man also aufhören würde, sich zu waschen, würde der Körper nach einer Gewöhnungsphase wieder ein Stück weit gesünder. Leider hätte das aber zur Folge, dass man sich besser weit weg von anderen Menschen aufhalten sollte. Man würde nämlich anfangen, ziemlich stark zu riechen.

Wofür hat man Hautfalten und Linien in den Handflächen?

Die feinen Linien in den Handflächen dienen nicht nur Wahrsagern dazu, Menschen ihre Zukunft vorauszusagen, sondern sie haben eine durchaus wichtige Bedeutung für uns. Hätte der Mensch keine Linien in den Händen, würde ihn die Haut der Handinnenflächen beim Greifen behindern. Die Haut würde sich, wenn man nach etwas greift, so zusammenschieben, dass kleinere Dinge einfach wieder aus der Hand rutschen würden. Die Linien dienen also der Geschicklichkeit, und je geschickter eine Art sein kann, desto besser kann sie sich entwickeln. Ohne die kleinen Falten in den Händen hätte der Mensch nie so erfolgreich Werkzeuge bauen und benutzen können. Wir wären also in unserer Entwicklung nicht da, wo wir heute sind.

Warum schließt man automatisch die Augen, wenn man sich konzentriert?

Auf diese Weise kann sich das Gehirn besser mit der Sache beschäftigen, die aktuell am wichtigsten ist. Sind die Augen geöffnet, fließen über diese Unmengen an Bildern und Informationen an das Gehirn weiter – es ist mit den Eindrücken beschäftigt und dadurch abgelenkt. Normalerweise wird eine Aufgabe mit geschlossenen Augen schneller gelöst als mit geöffneten.

Ist es wahr, dass man durch eine Luftblase, die in den Blutkreislauf gelangt ist, sterben kann?

Ja und nein. In diesem Fall kommt es auf die Menge der Luft und damit auf die Größe der Luftblasen an. Natürlich entlüftet jeder Mediziner eine Spritze, bevor er sie verabreicht. Trotzdem bedeutet ein kleines Bläschen aus einer Spritze nicht gleich den Tod des Patienten.

Durch das Pumpen des Herzens entsteht der Blutdruck in den Venen. Von diesem Druck werden kleine Bläschen mitgerissen und damit relativ schnell zerstört. Gefährlicher wird es allerdings, wenn größere Luftmengen in die Venen geraten. Sie können dem Druck im Venensystem durchaus standhalten und damit eine Art Verstopfung, eine sogenannte Embolie, hervorrufen. Das passiert, wenn die Blase in Richtung Herz oder Lunge wandert, sich dort festsetzt und den Zufluss von weiterem Blut stoppt. Ein Problem ist eine verstopfte Ader, wenn zum Beispiel das Gehirn dadurch nicht mehr mit genügend Blut und Sauerstoff versorgt werden kann. So kommt es zu einem Schlaganfall, der im schlimmsten Fall tödlich enden kann.

Wie stoppt ein Deodorant den unangenehmen Geruch von Schweiß?

Die im Schweiß enthaltenen Bakterien sind für dessen Geruch verantwortlich. Benutzt man ein Deo, gibt es verschiedene Wirkweisen. Ein gewöhnliches Deodorant verstopft einfach die Schweißdrüsen, sodass nicht so viel Schweiß nach außen treten kann. Der Rest, der dann doch seinen Weg findet, wird mit dem Duftstoff des Deos überblendet. Ein antitranspirierendes Deodorant arbeitet mit Aluminiumstoffen, die ein Zusammenziehen der Schweißdrüsen bewirken. Dadurch wird generell weniger Schweiß gebildet.

Warum wird einem schneller kalt, wenn man nass ist?

Diese Erfahrung hat wohl jeder schon einmal gemacht: Man gerät in einen Regenschauer und ist völlig durchnässt. Relativ schnell breitet sich ein unangenehmes Kältegefühl auf der durchnässten Haut aus, das nach ein paar Minuten durch den ganzen Körper zieht – man friert »bis auf die Knochen«. Aber warum ist das so?

Wasser kann sehr gut Wärme aufnehmen; es ist, als würde es die Wärme schlucken. Das heißt, man benötigt sehr viel Wärmeenergie, um Wasser aufzuheizen. Deshalb ist Wasser auch immer ein bisschen kühler als die Luft. Das kennt man aus dem Urlaub, wenn man sich in die kühlen Fluten stürzt, um sich zu erfrischen. Dabei hat das Wasser genau dieselbe Außentemperatur wie die Luft. Es braucht aber einfach länger, bis es sich erwärmt.

Das Ganze funktioniert auch andersherum: Wenn Kleidung auf der Haut nass wird, saugt der nasse Stoff Wärmeenergie aus dem Körper. Das Ergebnis ist, dass wir den Wärmeverlust spüren, indem wir frieren.

Wer oder was veranlasst das Herz zum Schlagen? Wird es durch das Gehirn gesteuert oder schlägt es von selbst?

Generell wird das Herz durch elektrische Impulse zum Schlagen veranlasst. Es empfängt seine Signale vom Sinusknoten. Dieser liegt im rechten Vorhof des Herzens und sendet in einem gewissen Rhythmus Impulse aus, die das Herz zum Schlagen bringen.

Dennoch kann das Gehirn eine große Rolle spielen, was den Rhythmus des Herzens betrifft. Ist man zum Beispiel aufgeregt oder ängstlich, schickt es Signale an die diejenigen Organe, die für die Herstellung von Adrenalin zuständig sind. Sie fangen an, mehr von dem Botenstoff zu produzieren, der dann durch den Blutkreislauf zum Herzen transportiert wird. Dort angekommen, wird das Herz veranlasst, schneller zu schlagen. In Momenten der Gefahr, in denen erhöhte Aufmerksamkeit oder sogar eine Flucht nötig wird, kann der Körper so schneller reagieren. Ist das Adrenalin durch die Bewegung wieder abgebaut, beruhigt sich das Herz und schlägt normal. Ein natürlicher Effekt, der zumindest in vergangenen Zeiten dem Menschen das Leben retten konnte.

Das Gehirn kann aber auch auf andere Weise Einfluss auf den Herzschlag nehmen, nämlich indem man es bewusst steuert. So hilft es gerade in Phasen der Aufregung, zum Beispiel vor Prüfungen, wenn man gelernt hat, den Herzschlag durch Atemübungen zu kontrollieren. Man kann so den Herzschlag willentlich beruhigen und verlangsamen. Es wird weniger Adrenalin ausgeschüttet und man wird ruhiger.

Stimmt es, dass kein Nabel einem anderen gleicht? Und warum ist das so?

Es ist richtig, dass ein Nabel genauso individuell ist wie ein Fingerabdruck. Das liegt daran, dass der Nabel im Grunde nichts anderes als eine verheilte Narbe ist. Wenn die Nabelschnur, die den Fötus mit der Mutter verbindet, bei der Geburt durchtrennt wird, bleibt ein kleines Stück der Nabelschnur am Bauch des Neugeborenen zurück. Nach ein paar Wochen fällt dieses Reststück ab und die Narbe, die darunter entsteht, fängt an zu heilen. Da jede Narbe anders verheilt, wird sie zu einem unverwechselbaren Körperteil: dem Nabel.

Warum kann der gesunde Mensch ohne Probleme weite Wegstrecken zurücklegen, während er nach einer Viertelstunde Stillstehen bereits die ersten körperlichen Probleme spürt?

Vielleicht hat sich der eine oder andere diese Frage bereits gestellt: Woran kann es liegen, dass der Mensch, sobald er über eine längere Zeit stillstehen muss, früher oder später Probleme bekommt? Die Beine werden schwer und schmerzen, ein generelles Unwohlsein tritt auf und der Drang, sich zu setzen, wird übermächtig. Immer wieder kommt es sogar vor, dass Menschen bei längerem Stehen ohnmächtig zusammenbrechen.

Die Ursache ist, dass bei längerem Stillstehen das Blut durch die Erdanziehungskraft in den Beinen versackt. Diese Menge Blut fehlt dem restlichen Kreislauf als wichtiger Transporteur für Sauerstoff. Hält der Zustand zu lange an, ist zum Beispiel das Gehirn unterversorgt, was zu einer Ohnmacht führen kann. Bewegt sich der Mensch, ziehen sich die Muskeln abwechselnd zusammen und entspannen sich. Durch diese Bewegung (Kontraktion) wird das Blut wie mit einer Pumpe durch die Gefäße gedrückt und kann so durch den ganzen Körper fließen. Ist man also gezwungen, über einen längeren Zeitraum zu stehen, sollte man regelmäßig langsam von den Zehen hin zur Ferse wippen. Das bedarf keiner großen Bewegungen, es reicht, wenn man sich immer wieder ein wenig auf die Zehenspitzen stellt. Mit dieser kaum sichtbaren Bewegung kann man problemlos über einen relativ langen Zeitraum stehen.

Warum schnappen wir nach Luft, wenn uns etwas erschreckt?

Sie sind sicherlich nicht angenehm. Aber Situationen, in denen man vor etwas erschreckt, kommen immer wieder vor. Was veranlasst den Körper in solchen Momenten, mitunter hörbar nach Luft zu schnappen?

Auch in diesem Fall hat es die Natur eingerichtet, dass a) nichts zufällig passiert und b) es einen Nutzen für den Menschen hat. Erschrickt man, ist das für den Körper wie ein kleiner Schock, der ihm signalisiert, dass Gefahr droht. Also stellt sich der gesamte Körper auf Flucht oder Angriff ein. In beiden Fällen muss der Körper schnell und konzentriert reagieren. Dazu schüttet er das Hormon Adrenalin aus. Dieses bewirkt unter anderem, dass das Herz schneller schlägt und dadurch mehr Blut in die Muskeln und das Hirn befördert. Gleichzeitig macht er sich auf einen Zusammenstoß mit der Gefahr gefasst und zieht dafür die Muskeln des Oberkörpers zusammen. All diese Maßnahmen erfordern schnell mehr Sauerstoff, den der Körper nur bekommen kann, wenn man schneller und tiefer einatmet.

Warum bekommt man aus heiterem Himmel Nasenbluten? Und ist das gefährlich?

Nasenbluten ist eine unangenehme Sache und kommt häufiger vor, als manchem lieb ist. Doch muss man sich Sorgen machen, wenn es öfter passiert? Generell gilt bei Nasenbluten wie bei anderen körperlichen Auffälligkeiten: Kommen sie häufig vor, sollte man einen Arzt aufsuchen. Normalerweise aber gibt Nasenbluten keinen Grund zur Sorge.

In der Nase befinden sich, wie überall im Körper, Gefäße, die das Blut transportieren. Die Adern in der Nase sind aber deutlich dünner als andere. Das liegt in der Natur der Sache: In der Nase ist schlicht kein Platz und ist kein Bedarf für kräftige Gefäße. Diese dünnen Adern sind aber auch empfindlicher als andere. Das heißt, sobald die Nase zum Beispiel durch Heizungsluft zu trocken wird, können diese feinen Äderchen reißen und Blut beginnt zu fließen. Aber auch Schläge oder zu kräftiges Naseputzen können Risse und dadurch Blutungen verursachen.

Fängt die Nase an zu bluten, sollte man sich aufrecht hinsetzen und den Kopf nach vorne (!) hängen lassen, während man die Nasenflügel zusammendrückt. Ein kalter Waschlappen im Nacken hilft auch, die Blutung zu stoppen, denn durch den Kälteschock ziehen sich die Gefäße zusammen. Auf keinen Fall sollte man den Kopf (wie früher üblich) in den Nacken legen. Sonst kann das Blut durch den Rachen in den Magen laufen und zu Übelkeit führen beziehungsweise in die Atemwege gelangen. Ist die Blutung trotz dieser Tricks nicht zu stoppen, sollte man ebenfalls unverzüglich einen Arzt aufsuchen!

Warum wiegt man am Morgen weniger als am Abend?

Kurz gesagt: In der Nacht geht viel aus dem Körper heraus, aber wenig in den Körper hinein. Wenn man sich abends auf die Waage stellt und am nächsten Morgen gleich wieder, stellt man fest, dass man über Nacht abgenommen hat. Woran liegt das, schließlich bewegt man sich ja kaum?

Der Mensch verbringt im Durchschnitt ungefähr sieben Stunden pro Tag mit Schlafen. In dieser Zeit ist der Körper allerdings nicht untätig, denn Grundfunktionen wie Atmen oder Körperwärme halten funktionieren trotzdem. Im Schlaf wird also weiter Energie verbrannt und auch Flüssigkeit verbraucht.

Wir schwitzen im Schlaf und produzieren Urin, der am Morgen ausgeschieden wird. Es wird wie erwähnt weiter Energie verbraucht, die Energiereserven werden aber über Nacht nicht aufgefüllt. Das Ergebnis ist ein Gewichtsverlust, den man morgens auf der Waage sehen kann. Es können auf diese Weise bis zu 5 Prozent des eigenen Gewichtes über Nacht verloren gehen.

Warum hat der Mensch Milchzähne?

Milchzähne sind die kreative Lösung der Natur für ein Problem, das durch Wachstum entsteht. Im Kindesalter befindet sich der Körper in ständiger Veränderung und diese Veränderung betrifft auch den Kiefer. Anfangs hat der Kopf des Kindes noch nicht die Größe eines Erwachsenenkopfes. Das bedeutet, dass auch der Kiefer kleiner und noch nicht ausgewachsen ist. Da ein Kleinkind aber ab einem gewissen Alter feste Nahrung zu sich nimmt, braucht es Zähne. Würden dem Kind von Beginn an Zähne wachsen, die auch im Erwachsenenalter verbleiben würden, hätten diese im kindlichen Kiefer viel zu wenig Platz. Die Lösung wäre, zunächst weniger Zähne zu bekommen, was später wiederum ebenfalls zu Problemen führen würde. Also hilft sich der Körper, indem er die Zähne der Größe des Kiefers anpasst. Solange dieser noch klein ist, werden die dazu passenden Milchzähne produziert. Später können sie dann ausfallen und den großen Zähnen Platz machen.

Warum werden manche Menschen ohnmächtig, wenn sie Blut sehen?

Mit dem Blut ist es so eine Sache, egal, ob es das eigene ist oder das von anderen. Die einen haben überhaupt kein Problem damit, während andere schon beim Anblick einer kleinen Wunde umkippen. Sind die einen die Hartgesottenen, Coolen und die anderen die Zartbesaiteten, die Loser? So einfach ist es natürlich nicht, denn auch für diese Eigenheit gibt es eine Erklärung:

1. Angst vor Blut kann vererbt sein: Man hat herausgefunden, dass die Abneigung gegen Körperflüssigkeiten von einer Generation an die nächste weitergegeben werden kann. Wenn also schon die Eltern eine gewisse Abneigung zeigen, wenn sie mit Blut in Berührung kommen, oder gar umfallen, haben die Kinder später häufig dasselbe Problem. Außerdem kann eine traumatische Erfahrung in der Kindheit, also eine Verletzung, bei der viel Blut floss, dazu führen, dass man eine lebenslange Abneigung oder gar Angst vor Blut entwickelt. Das schlechte Erlebnis wird im Gehirn mit dem Bild von Blut gekoppelt und abgespeichert.

2. Die Angst vor Blut steckt von Anbeginn unserer Existenz in uns. Und das ist gut so. Denn die instinktive Angst vor Blut hatte für Höhlenmenschen zwei lebenswichtige Funktionen: Sie bewirkte Flucht oder Ohnmacht. Beides konnte in Notsituationen die einzige Rettung bedeuten. Flucht ist eine Möglichkeit, einer lebensbedrohlichen Situation zu entkommen. Wo Blut floss, war Gefahr. Der Körper reagierte, indem er, angetrieben durch die Angst, extreme Kräfte entwickelte und damit eine schnelle Flucht möglich machte.

Obwohl es sich merkwürdig anhört, diente die Ohnmacht genau demselben Zweck. Denn manchmal war es schlauer, sich quasi tot zu stellen. Gerade bei Raubtieren, die auf flüchtende Beute ansprachen, konnte es sicherer sein, wenn man einfach umfiel.

Doch eine Ohnmacht hat einen weiteren lebensrettenden Effekt. Im Falle einer Verletzung ist es durchaus hilfreich, das Bewusstsein zu verlieren, denn bei einer Ohnmacht sinkt auch der Blutdruck. Es tritt weniger Blut aus der Wunde, was wiederum den Wundverschluss begünstigt. Der Mensch wird nicht sofort verbluten und hat größere Überlebenschancen.

Warum hilft eine Wärmflasche eigentlich bei Bauchweh?

Natürlich gibt es auch Bauchschmerzen, bei denen die gute alte Wärmflasche nicht hilft. Aber wenn es sich um Schmerzen handelt, die durch zu viel oder falsches Essen hervorgerufen wurden, kann die Wärmflasche durchaus Retter in der Not sein. Wie genau kann sie uns dann helfen? Eigentlich ganz einfach: Hat man zu viel Schwerverdauliches gegessen, bilden sich im Darm Gase, die sogenannten Blähungen. Diese Gase sind dafür verantwortlich, dass sich der Darm ausdehnt. Er wird wie ein Luftballon aufgeblasen. Wird er dabei aber so sehr gedehnt, dass die Darmhaut anfängt zu spannen, spürt man dies in Form von Schmerzen. Legt man sich dann eine Wärmflasche auf den schmerzenden Bauch, dringt Wärme in den Körper. Sie wandert durch die Haut und bewirkt eine Ausdehnung der Gefäße. Da die Gefäße größer werden, kann mehr Blut durch sie hindurchfließen. Die Gase, die sich im Darm befinden, werden unter anderem über das Blut abtransportiert. Fließt also mehr Blut, wird mehr Gas abgebaut und so die Spannung auf die Darmwand verringert. Das hat zur Folge, dass auch die Schmerzen schneller verschwinden.

Wozu haben wir einen Blinddarm, wenn wir ihn gar nicht brauchen?

Die Aussage, der Blinddarm sei ein Überbleibsel aus längst vergangenen Zeiten und deshalb völlig ohne Bedeutung, wurde inzwischen widerlegt. Natürlich ist es so, dass man ohne Blinddarm ganz normal lebt und vor allem länger als mit einem entzündeten. Trotzdem hat sich die radikale Sicht bezüglich dieses kleinen Teils des Darms verändert. Denn man hat herausgefunden, dass der kleine Wurmfortsatz in unserem Bauch gar nicht so entbehrlich ist, wie es noch vor einigen Jahren angenommen wurde. Vor wenigen Jahrzehnten noch wurde der Blinddarm gar vorsorglich, etwa im Zuge einer anderen Bauchoperation, mit entfernt. Das wäre heute nicht mehr denkbar, denn man weiß heute sehr viel mehr über Funktion und Bedeutung des Blinddarms.

Er dient zunächst als Rückzugsort für gesunde Darmbakterien, aber auch als Herberge des Lymphsystems. Auf diese Weise spielt er eine durchaus wichtige Rolle in unserem Körper und ist nicht, wie lange angenommen, überflüssig und von der Evolution vergessen. Im Falle einer Darmerkrankung, zum Beispiel einer Durchfallerkrankung, werden sehr viele der gesunden Bakterien im Darm zerstört oder mit ausgeschieden. Der Blinddarm dient in diesem Fall als eine Art Versteck oder Rückzugsmöglichkeit. Hier können sich die gesunden Keime aufhalten, bis die Krankheit abgeklungen ist, um danach mit dem Wiederaufbau der Darmflora zu beginnen. Bei Menschen, die keinen Blinddarm mehr besitzen, dauert dieser Aufbau deutlich länger.

Auch seine Funktion als Herberge für das Lymphsystem ist nicht zu unterschätzen. Das Lymphsystem hat als Gesundheitspolizei eine der wichtigsten Aufgaben im Körper: Krankheiten schnell erkennen und unschädlich machen. Gerade im Kindesalter ist der Blinddarm deshalb einer der Orte, an dem sich viele Zellen des Lymphsystems bevorzugt ansiedeln. In dieser Zeit sind die Lymphzellen besonders wichtig, damit der Körper ein stabiles Immunsystem aufbauen kann.

Es gibt also gute Gründe dafür, den Blinddarm auch heute noch zu schätzen, auch wenn er nicht überlebenswichtig für uns ist.

Was ist eigentlich DNA beziehungsweise DNS?

Bevor man ins Detail geht, sollte man sich klar machen, was diese beiden Begriffe bedeuten. Denn es ist durchaus verwirrend, wenn einmal von DNA und ein andermal von DNS gesprochen wird. Beide Begriffe beschreiben dasselbe. Es geht um die sogenannte Desoxyribonukleinsäure (DNS). Sie ist der Träger unserer Erbanlagen. Auf Englisch heißt sie allerdings Deoxyribonucleic Acid, also DNA. Aber was ist diese DNS und wozu ist sie überhaupt gut?

Jedes Lebewesen trägt einen bestimmten Code in sich: unsere Gene, eine Art Bauanleitung, die dazu beiträgt, dass aus jedem das wird, was er ist. Einfacher gesagt: Auf dieser Bauanleitung ist genau vermerkt, was man wird (Mensch, Affe, Schlange …) und wie man aussieht (Haarfarbe, Augenfarbe, Hautfarbe …). Aber auch Eigenschaften wie bestimmte Begabungen sind hier festgeschrieben. Man kann also durchaus Talent »erben«. Dieser Code befindet sich in jeder einzelnen Zelle, sodass jede Zelle weiß, was sie werden soll und wie sie dafür wachsen muss.

Die DNS ist eine Kette, die aus vielen einzelnen Code-Abschnitten (den Genen) besteht. Man kann also sagen, dass die DNS eine Gen-Kette ist. Die Gen-Ketten einer Zelle sind bis zu zwei Meter lang. Damit sie trotzdem in die Zellen passen, sind sie aufgewickelt und zusammengedreht, zu sogenannten Chromosomen. Davon hat jeder Mensch genau 46 in jeder Zelle. Die Chromosomen kommen immer als Paar vor, die eine Hälfte stammt von der Mutter, die andere vom Vater. Das heißt, auf 23 Chromosomen befindet sich die Erbbotschaft der Mutter und auf der anderen Hälfte die vom Vater. Deshalb sind wir immer – zumindest was die Anzahl der Chromosomen betrifft – eine perfekte Mischung aus beiden Elternteilen.

Die Gen-Ketten, die DNS, sehen aus wie eine eingedrehte Strickleiter, die Wissenschaftler nennen sie deshalb Doppelhelix. Sie besteht aus bestimmten Bausteinen, die wie eine eigene Sprache für jede Zelle sind. Auf diesen Bausteinen steht die gesamte Erbbotschaft geschrieben. Damit jede Zelle nur genau das baut, wozu sie bestimmt ist, hat sie kleine Helfer. Sie sind wie Architekten, aber jeder kommt aus einem anderen Land. Das heißt, sie verstehen zwar die Sprache der Erbbotschaft auf den Bausteinen. Aber sie verstehen nie alles davon. Deshalb bauen sie immer nur einen bestimmten Abschnitt der DNS, nämlich den, den sie verstehen. Dabei hat jede Zelle wiederum Helfer, sodass zwar in jeder Zelle die gleiche Erbbotschaft gespeichert ist, aber immer nur ein bestimmter Teil davon verstanden und dann gebaut wird. Auf diese Weise entstehen die verschiedenen Zellen. Die Helfer wissen genau, wie die neue Zelle aussehen und beschaffen sein soll, und leiten den Bau ein. Dann werden genau die Eiweiße produziert, die dazu benötig werden, die neue Zelle so aussehen und funktionieren zu lassen, wie sie es laut Anleitung soll. So entstehen auf der einen Baustelle Muskelzellen, während auf einer anderen neue Hautzellen erschaffen werden.

Die DNS ist also der Bauplan, den wir von unseren Eltern mitbekommen haben, damit wir so werden können, wie wir sind. Trotzdem steht längst nicht alles in den Genen geschrieben. Denn das, was wir uns im Laufe unserer Entwicklung aneignen oder erlernen, macht ebenfalls einen großen Teil unserer Persönlichkeit aus, und damit werden wir noch individueller, als wir es schon ist.

Warum haben alle Babys nach der Geburt blaue Augen?

Die Annahme, dass alle Babys nach der Geburt blaue Augen hätten, ist nicht ganz richtig, denn lediglich die Augen hellhäutiger Babys strahlen blau. Dunkelhäutige Neugeborene haben zumeist dunkle Augen. Generell ist die Augenfarbe, die wir Menschen als Erwachsene haben werden, in den Genen veranlagt. Bis es allerdings so weit ist, dass wir unsere endgültige Augenfarbe ausgebildet haben, vergehen nach der Geburt beinahe 12 Monate.

Blau ist bei hellhäutigen Säuglingen sozusagen die Grundfarbe, aus der sich die spätere richtige Farbe bildet. Das liegt am Melanin. Melanin ist ein Pigment, also ein Farbstoff, das die Färbung von Haut und Augen bewirkt. Generell kann man sagen: Je mehr Melanin vorhanden ist, umso dunkler werden sie. Melanin selbst ist immer braun, bei der Färbung jedoch kommt es auf die Konzentration an. Dunkelhäutige Babys haben mehr Melanin im Körper und deshalb sind ihre Augen auch nach der Geburt wesentlich dunkler.

Und das ist auch gut so, denn in den Gebieten, in denen die Menschen mehr Melanin in Haut und Augen haben, ist es häufig wärmer als bei uns – das heißt: Die Sonne strahlt stärker. Das Melanin hat eine Art Schutzfunktion, sodass Sonnenstrahlen besser »vertragen« werden. Bei hellhäutigen Sprösslingen ist die Melanin-Konzentration so gering, dass man die Netzhaut des Auges durchschimmern sieht. Außerdem hängt die Färbung damit zusammen, wie das Licht im Auge gebrochen wird. Erst mit der Zeit, wenn sich der Körper des Babys weiterentwickelt, stellt sich auch im Auge genau die Menge an Melanin ein, die genetisch vorprogrammiert ist. So wechseln manche Babyaugen innerhalb einiger Monate von blau nach grün bis hin zu braun.

Etwa zehn Prozent der Babys mit blauen Augen behalten diese Farbe auch für den Rest ihres Lebens. Bei den anderen kann man sich getrost überraschen lassen oder wirft vorausschauend einen Blick in die Augen der Eltern.

Warum werden unsere Haare im Alter grau?

Graue Haare sind etwas, womit sich die meisten Menschen früher oder später auseinandersetzen müssen. Bei manchen setzt diese Veränderung der Haarfarbe bereits mit Mitte 30 ein, die anderen bemerken erst mit Anfang 50 die ersten grauen Strähnen. Ein völlig normaler Vorgang, den jeder kennt. Doch warum werden unsere Haare eigentlich grau? Und welche Veränderungen gehen im Körper vor sich, die unsere Haare die Farbe wechseln lassen?

Schuld an den grauen Haaren ist die verminderte Produktion eines Pigmentes, nämlich des Melanins. Je älter wir werden, umso weniger Melanin produziert unser Körper. Da dieses Pigment den Farbstoff von Haut und Haaren stellt, nimmt mit seinem Verschwinden auch die Intensität unserer Haarfarbe ab. An den Haarwurzeln gibt es Zellen, die diesen Farbstoff produzieren und ihn in die Haare abgeben. Ein Haar besteht aus mehreren Hornschichten, in die das Melanin eingelagert wird. Irgendwann stellen die Zellen die Melanin-Produktion gänzlich ein, mit der Folge, dass die betroffenen Haare keine Farbe mehr haben.

Aber warum werden die Haare dann eigentlich nicht durchsichtig? Das liegt daran, dass anstelle des Pigmentes kleine Luftbläschen in den Hornschichten eingelagert werden. Durch sie bekommt das Haar die weiße Farbe. Die grauen Haare sind also eigentlich gar nicht grau, sondern weiß. Da aber nicht alle Haare gleichzeitig weiß werden und sich mit den verbleibenden farbigen Haaren mischen, entsteht der Eindruck, als wären sie im Ganzen grau. Erst wenn in sämtlichen Haaren die Melanin-Produktion eingestellt ist, ist man wirklich »schlohweiß«.

Es ist ein ganz natürlicher Vorgang, der, wie viele andere Alterungserscheinungen, durch bestimmte Faktoren beschleunigt werden kann. Auch hier wirken sich Rauchen, Stress, zu viel

Sonnenlicht oder auch bestimmte Krankheiten negativ aus. Dass man von zu viel Sorgen und Stress graue Haare bekommt, ist bisher nicht erwiesen. Ungünstig sind Sorgen und Stress allemal, das betrifft aber den ganzen Körper, da in der Folge mehr sogenannte freie Radikale gebildet werden. Sie lassen den Körper schneller altern und hemmen anscheinend auch die Melanin-Produktion.

Wie funktioniert unser Herz? Oder: Wie funktioniert es, dass unser Herz gleichzeitig Blut mit und ohne Sauerstoff befördert?

Der wohl wichtigste Muskel in unserem Körper ist der Herzmuskel, also das Herz. An einem Tag befördert es bei einem Erwachsenen bis zu 8000 Liter Blut durch den Körper, im Laufe eines Lebens sind das an die 200 Millionen Liter Blut! Auf diese Weise pumpt es den lebenswichtigen Sauerstoff durch den Körper und sichert unser Überleben – so weit, so klar. Nur, wie genau funktioniert das Herz und wie schafft es dieser unermüdliche Muskel, sowohl mit Sauerstoff angereichertes als auch sauerstoffarmes Blut gleichzeitig zu befördern? Um diese Frage zu beantworten, muss man sich den Aufbau des Herzens genauer ansehen:

Grundsätzlich besteht das Herz aus vier Kammern, den beiden Herzkammern und den zwei Vorhöfen. Dazu kommen insgesamt vier Herzklappen. All das ist innerhalb des Herzens in zwei Hälften geteilt, sodass man in der linken Herzhälfte zwei Kammern hat, das heißt eine Herzkammer und einen Vorhof, die durch die zwei Herzklappen abgetrennt sind. In der rechten Herzhälfte ist das genauso. Damit es keine Überschneidungen der beiden Herzhälften gibt, ist das Herz in der Mitte durch die Herzscheidewand getrennt. Die beiden Herzhälften haben verschiedene Aufgaben: Die linke Hälfte pumpt das mit Sauerstoff angereicherte Blut zurück in den Körper. Deshalb nennt man diesen Kreislauf auch den »Körperkreislauf« beziehungsweise den »großen« Kreislauf. Die rechte Seite transportiert das sauerstoffarme Blut zur Lunge, wo es wieder mit Sauerstoff angereichert wird. Man spricht dann vom »kleinen Kreislauf«, weil das Blut hier nicht durch den ganzen Körper, sondern nur durch die Lunge geschickt wird. Das Blut, das durch die linke Hälfte des Herzens hinaus in den Körper geflossen ist, kommt also wieder zurück und landet in der rechten Herzhälfte. Dann wird es durch die Lunge gepumpt und fließt zurück zur linken Herzhälfte, um aufs Neue in den Körper geschickt zu werden.

Das sauerstoffarme Blut, das am Herzen ankommt, wird durch Venen dorthin transportiert. Wenn es dann mit Sauerstoff angereichert wieder zurück in den Körper fließt, geschieht das über die Arterien.

Sobald das Blut im Herzen ankommt, fließt es auf beiden Seiten zuerst in die Vorhöfe. Sind diese voll, zieht sich der Herzmuskel zusammen und pumpt das Blut durch die Herzklappen in die Herzkammern. Die Herzklappen kann man sich wie kleine Segel vorstellen, die sich durch den Druck des Blutes zu einer Seite hin öffnen. Wenn das ganze Blut durch die Klappen geflossen ist, schließen sich diese automatisch wieder, weil ja kein Druck mehr kommt, um sie zu öffnen. Sie sind wichtig, denn sie sind die Ventile, die dafür sorgen, dass das Blut dahin gelangt, wo es hin soll, aber gleichzeitig auf keinen Fall zurück in die Vorhöfe fließt. Denn das hätte fatale Folgen.

Wenn das Blut in den Herzkammern angekommen ist, ist auch der Druck mitgewandert und sorgt dafür, dass das Blut durch die beiden nächsten Herzklappen aus dem Herzen hinaus in die Arterien strömt. Das passiert nach dem gleichen Prinzip wie der Übergang von den Vorhöfen zu den Kammern. Ist das Blut aus dem Herzen ausgetreten, erschlafft der Muskel, was dazu führt, dass sich die beiden Vorhöfe wieder automatisch mit neuem Blut füllen. Denn wenn sich der Herzmuskel nicht mehr zusammenzieht, sondern entspannt, kann das Blut wieder ganz einfach einfließen.

Auf diese Weise wiederholt sich der Vorgang immer wieder – ein ganzes Leben lang. Die getrennten Seiten im Herzen sind also für verschiedene Aufgaben zuständig, die sich jedoch ergänzen. Nur auf diese Weise gelingt es dem Herzen, sowohl das sauerstoffarme als auch das mit Sauerstoff angereicherte Blut auf den richtigen Weg zu schicken.

Darf man Schlafwandler aufwecken?

Es ist eine bekannte Empfehlung, dass man Menschen, die schlafwandeln, nicht wecken darf. Stimmt das oder handelt es sich um eine alte Binsenweisheit, die inzwischen längst widerlegt wurde?

Die Antwort lautet: Ja und nein. Man kann einen schlafwandelnden Menschen durchaus wecken, wenn man gewisse Dinge beachtet. Denn zum einen befinden sich Schlafwandler im Tiefschlaf, das heißt, dass es gar nicht so einfach ist, sie wach zu bekommen. Zum anderen sollte man bei einer Weckaktion unbedingt vorsichtig vorgehen, damit der »Schlafende« keinen Schaden nimmt.

Es ist wohl nachvollziehbar, dass man einen ziemlichen Schrecken bekommt, wenn man geweckt wird und sich dabei nicht in seinem Bett, sondern im schlechtesten Fall auf der Balustrade eines Balkons befindet. Was dabei passieren kann, möchte man sich gar nicht ausmalen. Man kann Schlafwandler also wecken, sollte es aber unbedingt vorsichtig tun, damit sich derjenige keine Verletzungen zuzieht.

Das Beste wäre allerdings, die betroffene Person langsam und vorsichtig zurück ins Schlafzimmer zu begleiten, ohne sie zu wecken. Dazu ist es hilfreich, wenn im Zimmer ein Licht brennt. Schlafwandler nehmen die Lichtquelle nämlich unterbewusst wahr und bewegen sich darauf zu. Dabei sollte man denjenigen ruhig begleiten und darauf achten, dass er sich nicht an herumstehenden Möbelstücken stoßen kann.

Wird man in der Mitte eines Schiffes wirklich weniger seekrank als an Bug oder Heck?

Jeder, der davon betroffen ist, weiß, wie unangenehm sich die Seekrankheit äußern kann, und dass sie manchmal sogar der Grund ist, warum man eine Reise mit dem Schiff erst gar nicht in Betracht zieht. Abgesehen von den verschiedenen Medikamenten, die man sich zur Unterstützung besorgen kann, kommt es darauf an, wie stark die Seekrankheit im Einzelfall ausgeprägt ist. Hält sich das Unwohlsein während einer Schiffsreise einigermaßen in Grenzen, kann es durchaus hilfreich sein, wenn man sich hauptsächlich in der Mitte des Schiffs aufhält. Denn hier sind die Bewegungen durch die Wellen am geringsten zu spüren. Ein Schiff funktioniert dabei ähnlich wie eine Wippe: Während die beiden äußeren Teile bewegt werden, bleibt das Mittelstück beinahe unbewegt. Es stimmt also, dass man dort weniger von der Seekrankheit heimgesucht wird, als wenn man sich an Bug oder Heck aufhält. Trotzdem hat es wie gesagt mit der Stärke der Krankheit zu tun. Wenn man merkt, dass diese Maßnahme geholfen hat, kann man den Effekt noch unterstützen, indem man darauf achtet, sich während einer Seereise gesund und ausgewogen zu ernähren. Denn ein voller Bauch ist natürlich nicht unbedingt förderlich, wenn man die unangenehme Übelkeit vermeiden möchte. Außerdem sollte man während der Fahrt versuchen, den Horizont im Auge zu behalten. Denn die Seekrankheit beruht auf einer Täuschung des Gehirns: Es nimmt das Schwanken auf dem Schiff über den Gleichgewichtssinn wahr, kann es aber mit dem, was die Augen sehen beziehungsweise weitermelden, nicht in Einklang bringen. Wenn man aber den Horizont anschaut, kann man die Bewegungen des Schiffs auch mit den Augen wahrnehmen und hilft dem Gehirn, die Botschaften besser zu verstehen.

Wie läuft eine Organspende ab?

Jeder kann frei entscheiden, ob er sich für oder gegen eine Spende seiner Organe ausspricht. Dennoch ist es ein heikles Thema, das oft Fragen aufwirft: Wie funktioniert das Ganze? Wie wird sichergestellt, dass man nicht doch noch am Leben ist oder gerettet werden könnte? Was passiert genau, wenn man in eine Spende eingewilligt hat?

Diese Fragen sind vollkommen nachvollziehbar, und jeder, der sich überlegt, einen Spenderausweis auszufüllen, hat wohl diese oder ähnliche Gedanken. Deshalb ist es wichtig, dass jeder die Möglichkeit hat, genaue Informationen zu erhalten. Es gibt bestimmt Menschen, denen allein der Gedanke, dass ihm Teile aus dem Körper entnommen werden, genügt, um dies abzulehnen. Dass die Spende von gesunden Organen aber vielen kranken Menschen das Leben retten kann, ist die andere Seite der Medaille. Diese beiden Gegensätze stürzen manch einen in Gewissenskonflikte, während ein anderer schon sicher weiß, wie er es handhaben will. Damit die Entscheidung nicht ganz so schwer fällt, ist es gut, einen Einblick zu gewinnen, wie eine Organspende überhaupt vonstattengeht:

Als Erstes muss bei einem Spender durch zwei unabhängige Ärzte der Hirntod festgestellt werden. Das heißt, dass bei dem Betroffenen keine Hirnströme mehr gemessen werden können. Das Gehirn ist also bereits tot. Seine Atmung und sein Herzschlag werden künstlich durch Maschinen erzeugt. Das ist wichtig für die Organe, damit sie weiter mit Sauerstoff und Blut versorgt werden können. Dann gibt es drei mögliche Fälle:

1. Der Patient hat eine Verfügung, in der er sich gegen eine Organspende entschieden hat. In diesem Fall werden die lebenserhaltenden Maßnahmen, also die Maschinen, durch die Herz und Lunge erhalten werden, abgestellt.

2. Ist keine Verfügung zu finden beziehungsweise ist der Betroffene noch keine 16 Jahre alt, sind es die Verwandten, die einen Beschluss finden müssen.

3. Wenn ein Organspendeausweis vorliegt, passiert Folgendes:

Zuerst wird überprüft, ob der Spender gesund ist. Sollte dabei herauskommen, dass dies nicht der Fall ist, können die Organe auch nicht gespendet werden. Wenn alles in Ordnung ist, teilen die Ärzte einer zentralen Organvermittlung mit, dass sie Organe haben, die gespendet werden können. Die Organvermittlung sucht dann aus allen Anfragen für neue Organe einen passenden Empfänger aus. Dabei geht sie grundsätzlich nach diesen beiden Punkten vor:

1. Dringlichkeit
2. Erfolgsaussicht

Ist geklärt, wer die Organe am schnellsten braucht und ob es in dem Fall auch gute Erfolgsaussichten gibt, werden sie entnommen und sofort zum ausgewählten Empfänger gebracht. Das Gleiche gilt auch für die Entnahme von Gewebe (Haut et cetera) des Sterbenden, außer, er entscheidet sich auf dem Spenderausweis dagegen.

Darf man längere Zeit zum Mond schauen oder werden auf Dauer die Augen verletzt, ähnlich wie bei der Sonne?

Man darf den Mond so lange ansehen, wie man möchte, denn seine Leuchtkraft ist etwa eine Million Mal geringer als die der Sonne. Außerdem ist der Mond ungefähr genauso weit von der Sonne entfernt wie die Erde. Das heißt, dass er das Sonnenlicht genauso abstrahlt wie die Erde. Es macht also keinen Unterschied, ob man sich eine Landschaft auf der Erde bei Tageslicht ansieht oder die Mondlandschaft, wenn sie von der Sonne angestrahlt wird. Selbst mit starken Teleskopen ist das kein Problem.

Darf man nun nach dem Essen schwimmen gehen oder nicht?

Diese Warnung kennt wohl jeder: Man soll nach dem Essen nicht schwimmen gehen. Wie lange man nach den Mahlzeiten warten soll, hängt vom jeweiligen Ratgeber ab. Die einen schreiben eine Wartezeit von mindestens zwei Stunden vor, während sich andere mit 30 Minuten begnügen.

Fakt ist, dass jede extreme Anstrengung nach dem Essen nicht unbedingt gesundheitsförderlich ist. Dabei ist es vollkommen egal, ob man joggen oder schwimmen geht. Dennoch muss man es schon sehr übertreiben, bis man aufgrund des Essens unangenehme Folgen zu spüren bekommt. In diesem Fall könnte es passieren, dass man mit Bauchschmerzen oder Seitenstechen gezwungen ist, die sportliche Aktivität abzubrechen. Aber wie man sieht, hat die Natur auch hier wieder hervorragende Schutzmaßnahmen im menschlichen Körper. Denn dieser würde bei Überanstrengung mit unangenehmen

Reaktionen aufwarten, die jeden vernünftigen Menschen zum Aufhören zwingen. Und der Körper hat weitere ganz einfache Schutzbarrieren: Niemand hat, nachdem er eine anständige Mahlzeit verdrückt hat, Lust auf zu viel Bewegung. Das liegt daran, dass sich nach dem Essen das meiste Blut im Verdauungstrakt befindet. Das Gehirn und die Muskeln sind in diesem Moment sozusagen unterversorgt und deshalb nicht so leistungsfähig wie sonst.

Wer also auf seinen Körper hört, meidet automatisch ungesundes Verhalten. Das Gerücht, dass Schwimmen nach dem Essen verboten sei, ist also nicht wahr. Trotzdem sollten Menschen mit gesundheitlichen Problemen umso mehr auf die Zeichen ihres Körpers hören. Denn während der Verdauung ist ein anderes Nervensystem (Parasympathikus) tätig als bei körperlichen Aktivitäten (Sympathikus). Verlangt man dem Körper beide Aktivitäten gleichzeitig ab, kann es zum Beispiel bei älteren Menschen mit Herz-Kreislauf-Problemen zu Schwierigkeiten kommen.

Was passiert im Körper, wenn man Antibiotika einnimmt?

Antibiotika sind meistens das probate Mittel im Kampf gegen Bakterien (siehe Seite 137: »Was ist der Unterschied zwischen Viren und Bakterien?«) und werden in diesen Fällen am häufigsten vom Arzt verschrieben. Aber was passiert eigentlich, wenn man das Mittel eingenommen hat? Wie werden die Bakterien gestoppt?

Antibiotika wirken generell auf zwei verschiedene Weisen. Entweder sie töten das Bakterium ganz ab oder sie hemmen dessen Wachstum. Damit dabei nicht auch die »guten« menschlichen Zellen zerstört werden, haben Antibiotika eine

Art Erkennungssystem. Sie können den Unterscheid zwischen einer gesunden Zelle und einem Bakterium feststellen. Das liegt daran, dass die Bakterien ein klein wenig anders gebaut sind. Sie bilden zum Beispiel Folsäure und verfügen über einen anderen Aufbau ihrer Zellhaut (Zellmembran). Das Antibiotikum erkennt diese Unterschiede und greift an, indem das Bakterium »zerstört« oder dessen Wachstum einschränkt wird, sodass es sich nicht mehr vermehren kann.

Das Ganze ist im Grunde auch heute noch genauso revolutionär wie kurz nach der Entdeckung des Penizillins. Und auch wenn die Diskussion über die Häufigkeit der Anwendung immer noch brandaktuell ist, hat das Antibiotikum schon manch einem das Leben gerettet. Nichtsdestotrotz steht man auch heute noch vor zwei Problemen, die mit der Gabe des Arzneimittels nicht gelöst beziehungsweise erst hervorgerufen werden.

Ersteres ist das Thema Viren, denn bekanntlich kann ein Antibiotikum hier überhaupt nichts ausrichten. Viren »verstecken« sich in ihren Wirtszellen, die vom Antibiotikum nicht als Angreifer erkannt werden. Außerdem haben Viren keinen eigenen Stoffwechsel, das heißt, dass sie nicht wirklich leben und sich auch nicht selbstständig vermehren können. Diejenigen Antibiotika, die darauf abzielen, eine Vermehrung des Schädlings zu stoppen, sind somit wirkungslos.

Das zweite Problem, das mit der Einnahme von Antibiotika einhergeht, sind die Beeinträchtigungen der »guten«, vom Körper benötigten Bakterien, wie zum Beispiel die des Darms. Das Medikament kann den Unterschied zwischen guten und schlechten Bakterien nicht ausmachen. Also tötet es auch die vom Körper benötigten Bakterien und lässt dadurch ein Ungleichgewicht entstehen. Das kann der Körper aber zum Glück nach einer gewissen Zeit wieder ausgleichen.

Was ist der Kategorische Imperativ?

»Handle nur nach derjenigen Maxime, durch die du zugleich wollen kannst, dass sie ein allgemeines Gesetz werde.« (Immanuel Kant)

Das ist also der Kategorische Imperativ von Immanuel Kant. Das Problem dabei ist, dass viele nur Bahnhof verstehen, wenn sie diesen komplizierten Satz lesen.

Grundsätzlich ist der Kategorische Imperativ eine Antwort auf eine Frage, die man sich selbst stellt. Daraus setzt sich auch der Begriff zusammen: kategorisch = unbedingt, immer gültig; und Imperativ = Anforderung. Nimmt man die beiden Worte zusammen, ergibt sich daraus: eine immer gültige Anforderung. Es ist also eine Art Formel, die man für sich selbst entwickelt und der man treu bleibt. Man fragt sich, wie man in bestimmten Situationen handeln sollte, kommt zu einem Entschluss und handelt immer nach der gleichen Formel. Wichtig ist dabei aber auch dieser Teil in Kants Satz: »… dass sie ein allgemeines Gesetz werde.« Denn beim Kategorischen Imperativ geht es nicht nur um die eigene Person, sondern auch um alle anderen einer Gesellschaft. Man muss also bei seiner Entscheidung, wie man handeln wird, bedenken, wie es wäre, wenn alle anderen genauso handelten. Dazu passt beinahe das Sprüchlein: »Was du nicht willst, dass man dir tu – das füg auch keinem andren zu.« Beinahe deswegen, weil auch diese goldene Regel genau betrachtet gar nicht so golden ist, wie man vielleicht auf den ersten Blick denken mag (siehe Seite 70: Was besagt die »goldene Regel«?).

Dazu ein Beispiel: Man kommt in eine unangenehme Situation und überlegt, ob man sich nicht mit einer kleinen Lüge das Leben erleichtert. Die Entscheidung würde in diesem Fall als Kategorischer Imperativ bedeuten: Lügen ist erlaubt, für jeden und immer. Denn man hat sich dazu entschieden, dass man die anderen anlügen darf. Also gilt das Gleiche natürlich auch für alle anderen. Der Kategorische Imperativ setzt deshalb voraus, dass man genau darüber nachdenkt, nach welchem Muster man handeln möchte. In dem Fall mit der Lüge würde das bedeuten, dass es für denjenigen, für den es Ordnung ist, die anderen zu belügen, aber auch ganz normal sein muss, von anderen angelogen zu werden. Stellt man aber fest, dass man es nicht gut fände, wenn man nie mehr wüsste, wer einem gerade die Wahrheit erzählt und wer nicht, gründet man folgenden Kategorischen Imperativ: Ich soll nicht lügen.

Kant zielte darauf ab, dass im Grunde jeder das Richtige tun möchte und dass es deshalb gut ist, wenn man dieses gute, richtige Handeln für sich und andere zum »Gesetz« macht.

Was besagt die »goldene Regel«?

Wie schon in den Erklärungen zu Kants Kategorischem Imperativ erwähnt, ist die goldene Regel manchmal gar nicht so golden, wie man denkt. Doch zunächst einmal die Erklärung, was die goldene Regel überhaupt besagt.

Im übertragenen Sinne bedeutet die goldene Regel, dass man so handeln soll, wie man auch von den anderen behandelt werden möchte. Grundsätzlich ist dem nichts entgegenzusetzen und bestimmt war jeder schon einmal im Leben in einer Situation, in der diese goldene Regel bei einer Entscheidung sehr gut weitergeholfen hat. Denn wenn man nach der goldenen Regel handelt, passieren mehrere Dinge gleichzeitig. Als Erstes überlegt man, wie man alles möglichst richtig machen könnte. Eine gute Voraussetzung für eine Entscheidung. Dann bezieht man die anderen in seine Überlegungen ein, denn man denkt ja darüber nach, wie es den anderen mit der jeweiligen Entscheidung geht. Und zuletzt übernimmt man die Entscheidung, die man getroffen hat, als eine Art Regel, ein feststehendes Muster. Dieses Muster, dass man so handeln möchte, dass alle damit glücklich sind, ist dann auch eine gewisse Garantie und Sicherheit für die anderen, die ebenfalls betroffen sind.

So weit ist die goldene Regel also vollkommen in Ordnung. Leider hat die Sache noch einen Haken. Denn es gibt ein paar Bereiche und Situationen, in denen die goldene Regel deutliche Nachteile hat. Dazu ein paar Beispiele:

Wenn man davon ausgeht, dass niemand gern bestraft wird und man keinem das antun soll, was man selbst nicht möchte, würde das auf Dauer schwerwiegende Probleme bei der Gesetzgebung mit sich bringen. Denn dann müsste man folgerichtig Strafen für begangene Straftaten abschaffen. Dass das früher oder später zu Chaos führen würde, ist offensichtlich.

Weiterhin würde man vor lauter Rücksicht auf die anderen wahrscheinlich untergehen. Denn entsprechend der goldenen Regel müsste man, wenn man sich zum Beispiel in einem Stau befindet, sofort die Straße verlassen. Man möchte die anderen schließlich nicht behindern, weil man auch selbst nicht behindert werden möchte.

Und schließlich kann man nicht alles, was für einen selbst gilt, auch auf andere übertragen. Denn die einen mögen Dinge oder Handlungen, die andere auf den Tod nicht ausstehen können.

Es ist also gar nicht so einfach, die goldene Regel allumfassend anzuwenden. Trotzdem ist sie auch heute noch in bestimmten Situationen ein gutes Mittel, um Lösungen zu finden, mit denen am Ende sehr viele Beteiligte leben können.

Was ist der Utilitarismus?

Diese Frage drängt sich nach der Betrachtung des Kategorischen Imperatives förmlich auf. Denn grundsätzlich beschäftigt sich auch der Utilitarismus damit, eine allgemein gültige Regel oder Formel für generelle Fragen des Lebens zu finden. Nur die Herangehensweise ist eine andere. Beim Utilitarismus wird gefragt, wie die Regel lauten muss, damit am Ende der größtmögliche Nutzen für alle herauskommt. Daher auch der Begriff, denn *utilitas* kommt aus dem Lateinischen und bedeutet so viel wie: Nutzen, Vorteil. Damit ist gemeint, dass man so handeln soll, dass jeder Einzelne möglichst viel Freude und damit möglichst wenig Leid erfährt. In diesem Sinne beschrieb es einer der Begründer des Utilitarismus, Jeremy Bentham (1748–1832). Er ging davon aus, dass es das Beste sei, wenn man bei einer bestimmten Entscheidung die Freude aller Beteiligten mit dem Leid vergleicht. Überwiegt die Freude aller, ist die Entscheidung richtig. Das Problem des Utilitarismus liegt damit allerdings auf der Hand: Wenn es immer nur um das Glück der meisten geht, kann der Einzelne dabei schnell vergessen werden. Denn Bentham legte ebenso fest, dass der Nutzen, also die Freude aller, mehr zählt als das Leid einiger weniger. Das ist letztendlich für den Einzelnen nicht befriedigend, da für jeden das eigene Leid am schlimmsten ist, ganz egal, ob es andere auch so sehen oder nicht. Außerdem könnten dadurch fatale Entscheidungen getroffen werden: Wenn zum Beispiel die Mehrheit einer Gesellschaft der Meinung wäre, dass es für die meisten besser ist, wenn es eine bestimmte Gruppe nicht mehr gibt. Schon hätte man einen Freibrief, diese Gruppe auszugrenzen oder gar zu vernichten. Dadurch kann die utilitaristische Sichtweise unter Umständen ungerecht sein und sogar gefährliche Auswirkungen haben.

Was passiert eigentlich genau bei einem Jetlag?

Wenn man eine Fernreise antritt, wird die anfängliche Freude oft wenige Stunden nach der Ankunft bereits getrübt. Man fühlt sich müde und gereizt und kann dem Urlaubsparadies erst einmal nicht die erwartete Freude abgewinnen – man ist enttäuscht. Da Fernreisen Normalität geworden sind, weiß beinahe jeder über dieses Phänomen Bescheid: Der Jetlag hat zugeschlagen. Was passiert im Körper, wenn sich ein Jetlag einstellt, und wie schafft er es, alles durcheinanderzubringen?

Die Erklärung findet sich bereits im Begriff selbst: Das englische Wort *jet* bedeutet Düsenflugzeug und *lag* steht für Zeitverzögerung. Der Körper wird manchmal durch das Reisen mit einem Flugzeug einer sehr schnellen Zeitverschiebung ausgesetzt, die er nicht ohne Weiteres verkraftet. Das Ergebnis sind dann Einschlafstörungen und Gereiztheit, Verdauungsprobleme und Müdigkeit. Wie lange ein Körper braucht, um sich an die künstliche Zeitverschiebung anzupassen, hängt von der jeweiligen Person ab. Die einen sind schon nach ein bis zwei Tagen wieder fit, während andere eine ganze Woche brauchen, um sich umzustellen. In kleinerem Maße kennen wir das alle, wenn wieder von Sommer- auf Winterzeit oder umgekehrt umgestellt wird. Die einen bekommen davon gar nichts mit und andere quälen sich tagelang, um wieder Fuß zu fassen.

Generell fällt der Jetlag milder aus, wenn wir in Richtung Westen fliegen, denn in dem Fall bekommt man sozusagen zusätzliche Zeit. In Richtung Osten ist die Umstellung schwieriger, denn hier »hinkt« man der Zeit hinterher.

Aber was passiert im Körper, dass das ganze System so durcheinanderkommt? Unser innerer Tag-Nacht-Rhythmus wird von den Tageszeiten gesteuert. Wenn es hell wird, werden wir wach und aktiv, wird es abends wieder dunkel, weiß auch unser Köper: Es ist Zeit, sich auszuruhen. An diesen Rhythmus gewöhnt sich der Körper, sodass er zum Beispiel auch an trüben Tagen ungefähr weiß, wann es Zeit ist, wach zu sein und wann nicht. Das nennt man auch die »innere Uhr«. Überschreitet man bei einer Fernreise die Zeitzonen, ändert sich auch der Tag-Nacht-Rhythmus. Er wird entweder beschleunigt, wir müssen also zu einer Zeit ins Bett gehen, die sich für den Körper völlig falsch anfühlt – und können nicht einschlafen. Oder er zieht sich unnatürlich in die Länge, weil es am Zielort viel später dunkel wird. In diesem Fall kämpft man ständig damit, die Augen offen zu halten.

Der Körper wird also bei einem Jetlag vom Hell-Dunkel-Rhythmus durcheinandergebracht. Und er braucht Zeit, bis die innere Uhr sich an die Veränderung gewöhnt hat. Erst wenn beides wieder im Einklang ist, lässt der Jetlag nach. Damit das so schnell wie möglich gelingt, sollte man sich von Anfang an der Zeit am Zielort anpassen und versuchen, nachts zu schlafen und tagsüber wach zu bleiben. Auf diese Weise kann der Körper die Umstellung am schnellsten lernen. Wenn man der Müdigkeit nachgibt und sich zum Beispiel tagsüber hinlegt, lebt der Körper nach dem alten Rhythmus und braucht länger, um sich umzustellen. Außerdem ist es gut, wenn man sich viel draußen aufhält. Hier ist man dem Sonnenlicht ausgesetzt und der Körper spürt durch die Helligkeit, dass gerade Tag ist.

Wären die Menschen in der Lage, Wasser selbst herzustellen?

Die verblüffende Antwort lautet: Ja. Technisch gesehen wären wir inzwischen in der Lage, Wasser zu »erschaffen«. Denn eigentlich ist das relativ einfach: Verbrennt man Wasserstoff, entsteht dabei Wasser! Wasserstoff ist ein Gas, dem durch eine

Flamme Sauerstoff zugeführt wird, das Ergebnis aus beidem ist Wasser.

Trotzdem ist es dem Menschen, etwa im Falle einer Katastrophe, (noch) nicht möglich, dies umzusetzen. Denn man bräuchte einen Ort, an dem unfassbare Mengen an Wasserstoff sicher verbrannt werden könnten. Da das leider nicht realisierbar ist, sind wir doch auf die natürlichen Ressourcen an Trinkwasser angewiesen.

PSYCHOLOGIE

Warum hat unser Gehirn zwei Gehirnhälften?

Wenn man es genau nimmt, ist die Aussage, dass das Gehirn aus zwei Hälften besteht, nicht ganz richtig. Denn eigentlich besteht unser Gehirn sogar aus drei Gehirnen, wovon nur eines, das sogenannte Großhirn, zwei Hälften hat.

Das heißt, unser Gehirn hat drei Teile:

1. Das Stammhirn (Überleben, Instinkte),
2. Das Limbische System (Gefühle),
3. Das Großhirn (Hoffnungen, Träume, Ängste, Persönlichkeit) mit den zwei Hälften (linke und rechte Hemisphäre).

Man kann sich den Aufbau einfach als eine Art Gebäude vorstellen, das mit der Zeit immer wieder modernisiert wurde. Den ersten Menschen genügte zunächst das Stammhirn. Zu jener Zeit war Überleben das Wichtigste. Deshalb lagen die Aufgaben des Gehirns damals im Bereich der Instinkte und des Tuns. Als sich der Mensch weiterentwickelte, kamen Gefühle hinzu. Es ging nicht mehr nur ums reine Überleben. Die Menschen knüpften emotionale Verbindungen wie Freundschaften, Beziehungen und so weiter. Dadurch entwickelte sich auch das Gehirn weiter und leistete so den ersten »Anbau«, mit dem Gefühle entwickelt und verstanden werden konnten. Die nächste Entwicklung war das Großhirn, es ist der jüngste Anbau unseres Gehirns. In diesem Teil werden die neuesten Fähigkeiten verarbeitet, die, die uns zu dem machen, was wir sind. Jetzt können Träume und Ziele geboren werden, aber auch Ängste und Befürchtungen entstehen. Das Großhirn ist der Teil, der uns zu individuellen Persönlichkeiten macht.

Die drei Teile des Gehirns sind genauso miteinander verbunden wie die beiden Hälften innerhalb des Großhirns. Das heißt, dass alles zusammenarbeitet und sich perfekt ergänzt. Die zwei Hälften im Großhirn haben ganz spezielle Aufgaben: Die rechte Hemisphäre ist für alles Kreative zuständig. Hier werden Bilder, Töne und Vorstellungen bearbeitet. Man könnte sagen, die rechte Hälfte des Großhirns ist die Fabrik der bunten Fantasien, der Musik und der Kreativität.

Die linke Hemisphäre ist der Gegenpart. Hier wird analysiert, hier wägt man ab, aber es werden auch Dinge erschaffen. Denn in diesem Teil des Gehirns entstehen zum Beispiel Sprache und Schrift. Alles wird in seine kleinsten Teile zerlegt und so verstanden.

Zwischen den beiden Hälften gibt es eine Art Brücke, bestehend aus Nervenbahnen, das *Corpus Callosum*. Sie ermöglicht den Austausch zwischen beiden Gehirnhälften, sodass alle Eindrücke und Informationen von beiden Seiten bearbeitet werden können.

Unser Gehirn hat also diese beiden Gehirnhälften, damit wir im alltäglichen Leben perfekt agieren können. Allerdings klappt dieses »perfekte« Agieren nicht immer. Oft ist es so, dass man mehr von einer der beiden Seiten geleitet wird, was dazu führt, dass wir viele Gelegenheiten, Dinge anders anzugehen, übersehen. Und deshalb handeln wir immer wieder nach denselben Mustern. Menschen, die mehr von der linken Gehirnhälfte gesteuert sind, haben das Problem, Dinge oft zu sachlich und damit manchmal zu verkrampft anzugehen. Das kann zur Folge haben, dass man sich überfordert und gestresst fühlt, weil einem der Zugang zur kreativen, loslassenden Seite weniger gut gelingt.

Andersherum ist es bei denen, die hauptsächlich mit der rechten Hälfte denken. Denn dadurch, dass sie schwer Zugang zur linken, problemlösenden Seite bekommen, scheint es oft keinen Ausweg, keine Lösung für ihre Probleme zu geben.

Leider kommt es eher selten vor, dass beide Gehirnhälften harmonisch zusammenarbeiten, aber diese Momente gibt es. Und es sind die Momente, in denen wir unser Gehirn ganz ausschöpfen können. In diesen Momenten sind wir sozusagen »voll da« und können unsere Kreativität sinnvoll abwägen und einsetzen – wir können über uns hinauswachsen.

Glücklicherweise haben wir einen Joker: Wir können unser Gehirn trainieren. Wer weiß, wie das Gehirn aufgebaut ist und wie es funktioniert, kann es ganz bewusst fördern, indem er die Dinge immer wieder übt, die ihm schwer fallen. Bleibt man dabei beharrlich, ist es erstaunlich, wie schnell sich das Gehirn umstellt und entwickelt.

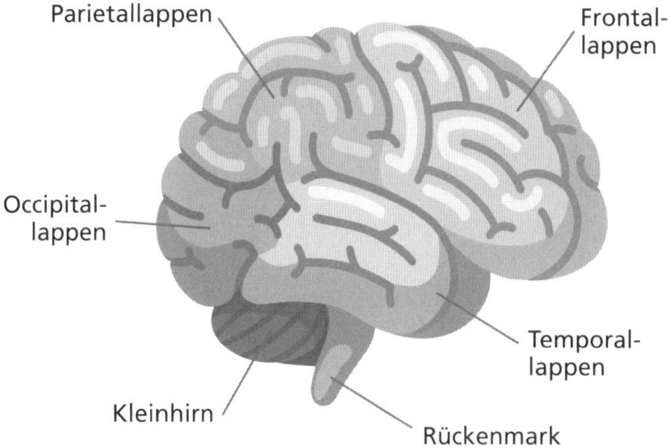

Wie war das noch mal mit »Murphy's Law«?

Auslöser für das erneute Nachdenken darüber, was eigentlich noch einmal Murphy's Law war, sind Situationen wie diese: Man steht grundsätzlich an der Kassenschlange, die langsamer ist als alle anderen. Oder: In dem Moment, in dem man aufsteht, um sich ein frisches Bier zu holen, fällt garantiert das Tor, auf das man den ganzen Abend gewartet hat.

Diese Situationen kennt wohl jeder und sie lassen sich tatsächlich in jedem Lebensbereich finden. Genau das ist irgendwann einmal einem amerikanischen Ingenieur namens Edward A. Murphy aufgefallen, was ihn dazu veranlasste, zu eben diesen Begebenheiten eine Lebensweisheit zu verfassen. Zusammengefasst lautet sie: »Alles, was schiefgehen kann, wird auch schiefgehen.« Das klingt zugegebenermaßen nicht sonderlich ermunternd, ist aber doch passend, wenn es um die unangenehmen Momente geht, in denen man das Gefühl hat, dass es ja nur so kommen konnte.

Das von Murphy formulierte Gesetz ist nachgewiesenermaßen nicht immer richtig, ansonsten müsste tagtäglich bei allen alles schiefgehen. Trotzdem ist es zu einer allgemeinen Floskel geworden und hat der Wissenschaft durchaus schon gute Dienste erwiesen. Denn unter der Berücksichtigung von Murphys Gesetz können viele Fehler gleich zu Beginn behoben werden. Gerade im technischen Bereich wird auf diese Weise schon in der Entwicklungsphase alles miteinbezogen, woraus Fehler entstehen könnten. Damit spielt Murphys Gesetz eine wichtige Rolle als Fehlervermeidungsstrategie. Denn wenn man über alles nachdenkt, was schiefgehen könnte, kann man genau diese Fehler im Voraus beheben.

So kann man das Gesetz in der Wissenschaft einsetzen. Was den täglichen Kampf an der Supermarktkasse betrifft, kann man zum Glück davon ausgehen, dass Murphys Gesetz nicht immer zuschlägt, es kommt einem lediglich so vor.

Was ist der »Nocebo-Effekt«?

Einfach gesagt, ist der Nocebo-Effekt das Gegenteil vom Placebo-Effekt. Der Placebo-Effekt jedoch ist weitaus bekannter, weil man schon vor vielen Jahren mithilfe verschiedener Tests herausgefunden hat, dass manche Menschen auf Medikamente reagieren, die gar keine sind. Das heißt, man hat bei Versuchen wirkungslose Substanzen als Medikamente ausgegeben und behauptet, sie würden bestimmte Symptome und Krankheiten lindern oder gar heilen. In den verteilten Pillen waren jedoch keinerlei wirksame Medikamente enthalten – sie hatten somit keine Wirkung. Das Erstaunliche aber war, dass die Menschen oft trotzdem eine Genesung zeigten, die sie eigentlich nur mit dem Medikament hätten erreichen dürfen. Manch einer mag es Einbildung nennen, aber die Ergebnisse der Tests sind nicht von der Hand zu weisen, und es ist erwiesen, dass der Placebo-Effekt existiert. Inzwischen konnte auch geklärt werden, wie er funktioniert. Die Ärzte, die die Medikamente ohne Wirkung verabreichen, klären vor der Einnahme darüber auf, wie das jeweilige Medikament wirken wird und welche Ergebnisse zu erwarten sind. Allein das (vermeintliche) Wissen kann also Berge versetzen. Natürlich ist der Placebo-Effekt nicht bei jedem wirksam, denn dann bräuchte man keine »echten« Medikamente mehr. Allerdings ist immer wieder zu beobachten, dass allein der Glaube an die Wirkung bestimmter Medikamente ebendiese Wirkung freisetzen kann.

Dasselbe passiert beim Nocebo-Effekt, nur andersherum. Grundlage des Nocebo-Effektes ist dieselbe wie des Placebo-Effektes: die Erwartungshaltung. Geht ein Patient davon aus, dass ein Medikament bestimmte schlechte Auswirkungen auf ihn haben wird, kann es passieren, dass er genau diese Probleme bekommt.

Deshalb wird der Nocebo-Effekt oft mit dem Lesen von Beipackzetteln von Medikamenten in Verbindung gebracht. Dort müssen selbstverständlich alle möglichen Nebenwirkungen aufgelistet werden. Das hat aber oft zur Folge, dass Menschen, die eigentlich gar nicht betroffen wären, trotzdem die im Beipackzettel aufgeführten Wirkungen empfinden. Interessanterweise können die Symptome, die sich dabei zeigen, tatsächlich gemessen werden – genau wie beim Placebo-Effekt.

Es mag also an der Einbildung liegen, dass manche Patienten bei einem Nocebo-Effekt gerade das bekommen, was man ihnen gesagt hat oder was im Beipackzettel steht. Unterschätzen sollte man diesen Effekt trotzdem nicht. Denn die Wirkungen sind wie gesagt real. Es gibt bereits Ärzte, die sich gegen die verpflichtende Beigabe der Beipackzettel ausgesprochen haben, um die Menschen, die für einen Nocebo-Effekt anfällig sein können, zu schützen.

Der Nocebo-Effekt kann sich aber auch auf andere Dinge als Medikamente beziehen. Schuld daran ist wieder die Erwartungshaltung, dass etwas schädlich oder krankmachend sein kann. Am häufigsten wird diese Art des Nocebo-Effektes in Zusammenhang mit Elektrosmog oder Lebensmittelunverträglichkeiten festgestellt. Ob eingebildet oder nicht – das Problem ist, dass die Symptome real sind und derjenige, den es betrifft, darunter leidet.

Was passiert, wenn einem »etwas auf der Zunge liegt«?

Es kann anstrengend sein, wenn man etwas sagen möchte, das einem sprichwörtlich »auf der Zunge liegt«, aber einfach nicht herauskommen möchte. Spielt uns das Gehirn in diesem Moment einen Streich oder haben wir wirklich vergessen, wovon wir berichten wollten?

Mit diesem allgegenwärtigen Problem haben sich Wissenschaftler und Psychologen bereits beschäftigt und sind deshalb auf die so treffende Bezeichnung gekommen. Denn der Begriff, den man in diesem Moment sucht, ist ja irgendwo drinnen im Gehirn. Er scheint es sich ganz vorne auf der Zunge bequem gemacht zu haben und will gerade einfach nicht herauskommen. Hat es sich das Wort oder die Erinnerung auf diese Weise gemütlich gemacht, beginnt der anstrengende Teil für den, der das Gesuchte sagen möchte. Man beginnt zu grübeln, denkt nach, wühlt in den Erinnerungen, um endlich auszusprechen, was ja schon darauf wartet, endlich herauszukommen. Die Wissenschaftler haben herausgefunden, dass man in manchen Momenten einfach keinen direkten Zugriff auf bestimmte Begriffe bekommt und dass dieses Problem häufiger auftritt, wenn man älter wird.

Aber was genau passiert in dieser Phase im Gehirn? Das Gehirn speichert zwei Dinge ab, wenn es um einen Begriff geht: 1. die Bedeutung und 2. den Klang. Liegt einem also ein Begriff »auf der Zunge«, ist es wohl so, dass das Gehirn nur einen Teil des Speichers abruft – und das ist meistens die Bedeutung. Man kennt das Wort also (in dem Fall eigentlich dessen Bedeutung), kann es aber gerade nicht aussprechen, weil der Klang vergessen wurde. Vor allem im Alter lassen die »Klangerinnerungen« immer mehr nach, sodass man sich immer öfter in dem Labyrinth aus Wissen und Hilflosigkeit befindet.

Was kann man tun, damit einem Begriffe nicht öfter auf der Zunge liegen bleiben? Das Stichwort lautet Gehirntraining beziehungsweise Gedächtnistraining. Denn wie bei anderen Gehirnleistungen ist es auch hier ratsam, nicht gleich die nächstliegenden Hilfen, wie zum Beispiel das Internet, zurate zu ziehen. Es ist besser, so lange zu grübeln, bis sich das Gehirn wieder von selbst erinnert. Auf diese Weise werden die Gedächtnisspeicher, die Klänge von Begriffen beherbergen, aktiviert und gleichzeitig trainiert. Außerdem ist es immer wieder ein befriedigender Augenblick, wenn man plötzlich wieder ganz genau weiß, was der lästige Begriff auf der Zunge war.

Kann der Glaube wirklich Berge versetzen?

Bei diesem Sprichwort sind selbstverständlich keine echten Berge gemeint. Aber es fällt doch immer wieder auf, zu welchen Fähigkeiten und Entbehrungen diejenigen fähig sind, die einen echten Glauben haben. Was steckt hinter dieser Glaubens-Macht?

Es sind mehrere Faktoren, die dazu führen, dass Menschen mit einem festen Glauben manchmal wirklich das Undenkbare wahr machen können. Einerseits hilft der Glaube, mit Dingen zurechtzukommen, die nicht beeinflussbar sind, zum Beispiel Schicksalsschlägen oder Katastrophen. Sie werden als von »Gott gegeben« hingenommen und damit weniger kritisch hinterfragt. Dadurch verlieren diese Ereignisse aber auch an Schrecken – sie werden »erträglicher«.

Außerdem führt ein starker Glaube dazu, innerhalb der Glaubensgemeinschaft zu agieren und einen Zusammenhalt zu spüren. Das heißt, man fühlt sich nicht allein und ist bestärkt in seinem Tun. Manchmal reichen schon diese beiden Punkte, um Menschen in schwierigen Situationen unglaubliche Kräfte zu verleihen. Aber es gibt noch einen dritten Punkt, der dazu beiträgt, dass diejenigen mit einem festen Glauben manchmal Dinge schaffen können, bei denen man sagen kann, die Menschen haben »Berge versetzt«.

Es geht dabei um das Thema Selbstbeherrschung. Man hat herausgefunden, dass Menschen, die einen Glauben leben, besser darin sind, Verhaltensweisen zu unterlassen. Häufig zelebrieren Glaubensgemeinschaften gewisse Entbehrungen. Durch diese Art von Regeln üben sich die Gläubigen im Verzicht. Diese Selbstbeherrschung kann wiederum in bestimmten Situationen dazu beitragen, scheinbar unmögliche Dinge zu leisten. Denn Selbstbeherrschung hat mit Disziplin zu tun, und wer sich ständig in Disziplin übt, kann diese auch abrufen, wenn es darum geht, mit aller Konsequenz ein bestimmtes Ziel zu erreichen – eben einen Berg zu versetzen.

Was passiert im Gehirn, wenn man Alkohol trinkt?

Alkohol ist ein seit Jahrtausenden bekanntes Rauschmittel, das, regelmäßig und in größeren Mengen genossen, krank und süchtig machen kann. Das hat Auswirkungen auf unser Gehirn, die zum Teil irreversibel (nicht wieder rückgängig zu machen) sind. Was passiert also genau in unserem Kopf, wenn wir Alkohol zu uns nehmen?

Unser Gehirn besteht aus ungefähr 100 Milliarden Nervenzellen, die alle miteinander verbunden sind. Man nennt das auch das »neuronale Netz«. Ein Nerv hat immer einen Anfang, das sogenannte »Axon«, und ein Ende, das »Dendrit«. Man kann sie sich als Sender und Empfänger vorstellen und sie ermöglichen den Nerven, miteinander zu kommunizieren und sich auszutauschen. Sender und Empfänger werden durch die Synapsen verbunden. Hier findet der Austausch der Informationen durch bestimmte Botenstoffe statt. Die Synapsen wiederum sind aufgebaut wie eine Art Mechanismus, der ein gegenseitiges Andocken möglich macht. Dabei passen die Botenstoffe, die von dem einen Nerv ausgesendet werden, immer perfekt in den Mechanismus des empfangenden Nervs. Man nennt diesen Schlüssel-Schloss-Mechanismus auch »Rezeptor«. Die ankommenden Botenstoffe passen wie ein Schlüssel genau in den dafür vorgesehenen Rezeptor, das Schloss.

Der Austausch der Synapsen läuft in der Regel so ab, dass immer ein Gleichgewicht zwischen Erregung und Hemmung in unserem Gehirn herrscht. Nimmt man Alkohol zu sich, kommt dieser durch das Blut bereits nach circa zwei Minuten im Gehirn an. Hier setzt sich der Alkohol auf die Rezeptoren der Synapsen und bringt damit den Austausch zwischen den Nerven und das Gleichgewicht von Erregung und Hemmung durcheinander. Durch seine Zusammensetzung bewirkt der Alkohol eine Abnahme der Erregung. Das heißt, die hemmenden Botenstoffe werden mehr. Das merkt man dann an der dämpfenden Wirkung. Man nimmt weniger beziehungsweise langsamer wahr, was um einen herum passiert, und braucht gleichzeitig länger, alles zu verarbeiten. Je mehr man trinkt, desto mehr Rezeptoren werden besetzt und die Leistung des Gehirns nimmt ab. Schwindel, Sprech- und Sehstörungen sind die Folge. Auch die Reaktionsfähigkeit lässt nach, was gerade im Straßenverkehr zu den bekannten Folgen führen kann. Auf der anderen Seite werden wir immer hemmungsloser, was Gefühle oder waghalsige Unternehmen betrifft. Doch das ist nicht alles: Bei zu hohem oder häufigem Alkoholgenuss sterben Nervenzellen im Gehirn ab und auch andere Organe, wie die Leber, sind betroffen. Außerdem konnte man bei dauerhaftem Alkoholkonsum ein erhöhtes Krebsrisiko feststellen.

Obwohl sich viele über diese Nachteile im Klaren sind, greifen sie doch immer wieder zum Alkohol. Wenn es bei einem Gläschen Rotwein am Abend oder dem ein oder anderen ausschweifenden Fest bleibt, ist das für unseren Körper ein zu bewältigendes Problem. Wird der Alkoholgenuss aber mehr oder häufiger, sollte man sich selbst gut beobachten, denn die Botenstoffe des Alkohols bewirken noch etwas anderes im Gehirn. Sie führen dazu, dass das Belohnungssystem im Kopf angeworfen wird. Deshalb fühlt man sich mit einem Schwips auch immer so wohl und glücklich. Genau dieser Effekt ist es aber, der zur alkoholbedingten Sucht führen kann. Körper und Geist gewöhnen sich an diesen Zustand und wollen mehr. Inzwischen gibt es Zahlen, dass bereits jeder Zehnte in Deutschland zu viel Alkohol zu sich nimmt; und die Zahl der alkoholabhängigen Menschen hierzulande ist auf 1,8 Millionen gestiegen.

Wie kann Musik unsere Stimmung beeinflussen?

Die meisten von uns hören Musik. Das geschieht entweder ganz bewusst oder vollkommen unbewusst. Unbewusst ist es dann, wenn wir aus dem Bauch heraus die Musik hören, nach der uns gerade ist. Das können leise Hintergrundmusik während der Lektüre eines guten Buches sein, entspannte Klänge in der Badewanne oder Stimmung machende Gassenhauer, bevor man zu einer Party geht. In diesen Fällen unterstützen wir die momentane Verfassung, in der wir uns befinden, ganz automatisch und ohne darüber nachzudenken. Dass Musik aber viel mehr kann, als für angenehme Unterhaltung zu sorgen, wissen wir spätestens, seit sie von Therapeuten gezielt zur Heilung verschiedener Krankheitsbilder eingesetzt wird. Dabei ist es immer wieder verblüffend zu sehen, wie sehr sich Klänge auf den Körper auswirken und welche erstaunlichen Reaktionen man in Folge beobachten kann. Diese Veränderungen des Körpers und damit auch der Stimmung sind inzwischen sehr gut nachgewiesen. So steigen Blutdruck und Herzschlag zum Beispiel bei schneller Musik an, während sie bei langsamen und ruhigen Tönen wieder sinken. All diese stimmungsverändernden Wirkungen hat man sich bereits in verschiedenen Therapiebereichen zunutze gemacht. So kann man sie gut bei an Demenz erkrankten Menschen einsetzen, wie auch für Patienten einer Psychotherapie.

Aber wie funktioniert das? Warum hat Musik diese eigenartige Wirkung auf uns?

Das Gehör ist einer unserer wichtigsten Sinne. Es dient nicht nur der Kommunikation untereinander, sondern ist in erster Linie ein uraltes Frühwarnsystem. Über das Gehör nehmen wir Geräusche aus unserer Umgebung auf und sortieren sie im Gehirn in verschiedene Kategorien wie Gefahr, Normalität, bestimmte Gefühle und so weiter. Doch die verschiedenen Klänge werden nicht ausschließlich über die Ohren aufgenommen. Auch die Schwingungen, die der Schall der Musik mit sich trägt, werden auf den Körper übertragen. Tonwellen versetzen dabei die Flüssigkeit im Körper in Schwingungen. Man kann Musik also nicht nur hören, sondern auch spüren. Damit ist ein weiteres uraltes System unseres Körpers aktiviert, wenn wir Musik wahrnehmen. Auf diese Weise können Töne sehr tief in unser Bewusstsein dringen und sehr genau aufgenommen werden, bevor sie wie Gerüche oder Geschmäcke abgespeichert werden. Das ist auch der Grund, warum Musik oft Gefühle oder Erinnerungen in uns wachruft. Es ist also der Weg, über den die Musik Zugang zu uns findet, der sie so machtvoll auf unser Befinden wirken lässt. Einmal im Gehirn angekommen, können entweder die abgespeicherten Erinnerungen oder schlicht der Rhythmus beeinflussen, wie wir uns fühlen. Mal wird der Organismus angeregt und mal heruntergefahren, und damit werden Körper und Geist zur Ruhe gebracht.

In mehreren Studien wurde der Einfluss von Musik bereits belegt. Ob es den »Mozart-Effekt« wirklich gibt, der besagt, dass man mit Werken von Mozart im Hintergrund konzentrierter arbeitet, ist bis heute ein streitbares Thema. Aber es wurde gezeigt, dass klassische Musik die Intelligenz fördern und dem Abbau von Gehirnzellen entgegenwirken kann.

Fazit: Musik tut gut. Und deshalb sollte man sich immer wieder die Zeit nehmen und Musik hören. Denn egal, ob sich unser Gehirn dabei entwickelt oder regeneriert, für die Stimmung ist es gut, kurz abzuschweifen und abzuschalten.

Warum kann man nicht durchgehend mehrere Stunden am Tag lernen oder arbeiten?

Zugegeben, die Vorstellung, einfach durchgehend zu lernen oder zu arbeiten, hat seinen Reiz: Man könnte die durchschnittlichen acht Stunden am Tag einfach schnell hinter sich bringen, um sich dann den anderen Dingen des Lebens zu widmen. So einfach ist das aber leider nicht, denn der menschliche Körper hat seine Grenzen, was Aufnahmefähigkeit und Konzentrationsfähigkeit betrifft.

Man hat herausgefunden, dass die effektivste Zeit, was Arbeiten oder Lernen betrifft, zwei Stunden sind. Und selbst in diesen beiden Stunden sollte alle 25 Minuten jeweils fünf Minuten Pause gemacht werden. Man kann diesen »Block« auch ein zweites Mal wiederholen, wobei man zwischen der ersten und der zweiten Einheit noch mal eine längere Pause von circa einer halben Stunde einlegen sollte. Natürlich kann man die Pausen auch nach eigenem Ermessen einlegen, wann man will und so lange man will. Wichtig ist nur, dass man die Phasen, in denen man sich konzentriert, immer wieder unterbricht. Ansonsten ist das Gehirn überlastet und leistet bei Weitem nicht das, zu dem es imstande wäre.

Wie funktioniert Propaganda eigentlich genau?

Fangen wir am Anfang an: Das Wort Propaganda stammt vom lateinischen *propagare*, das so viel wie »erweitern«, »ausdehnen« heißt. Es werden also bestimmte Meinungen und Anschauungen mithilfe von Medien verbreitet. Eigentlich ganz harmlos, doch wie das Ganze enden kann, wenn die falschen Menschen Propaganda betreiben, ist weithin bekannt. Natürlich ist das »Wie« ein wichtiger Teil der Propaganda, denn wenn sie nicht ansprechend genug gemacht ist oder über Medien verbreitet wird, die kaum jemand nutzt, funktioniert die ausgeklügeltste Idee nicht.

Abgesehen von all diesen Punkten gibt es einen wesentlichen Punkt, der weitaus weniger bekannt und eigentlich der Dreh- und Angelpunkt jeder Propaganda ist. Es geht um die »Entmenschlichung«. Sie ist der Grundbaustein dafür, dass sich die Massen und ganze Völker für etwas mobilisieren lassen, das, genau betrachtet, völliger Irrsinn ist. Entmenschlichung wird gezielt gegen bestimmte Gruppen eingesetzt. Dabei passiert Folgendes: Normalerweise verfügen alle Menschen über ein gewisses Maß an Empathie, also an Mitgefühl. Davon haben die einen mehr, die anderen weniger. Trotzdem reicht sie unter normalen Umständen aus, um Menschen friedlich miteinander umgehen zu lassen. Entmenschlichung sorgt schrittweise dafür, dass eine bestimmte Gruppe von Menschen, sei es aufgrund ihrer Religion oder ihrer politischen Einstellung, als abartig gilt. Das geht so weit, dass diese Gruppen im Zuge der Propaganda mit Tieren verglichen werden. Auf diese Weise geht zunehmend das Mitgefühl verloren und man gerät immer weiter in den Sumpf der Propaganda. Wenn die »geächtete« Gruppe irgendwann nicht mehr als menschliche Mitglieder einer Gesellschaft angesehen wird, sondern als wertloses und bedrohliches »Gesindel«, ist es nicht mehr schwierig, den nächsten Schritt zu gehen. Dann passiert genau das, was später so schwer nachzuvollziehen ist: Es werden gezielte Attacken ausgeführt, die bis zum Völkermord gehen können. Und das alles unter dem Deckmantel der Entmenschlichung – denn man muss ja das Fremde, Bedrohliche vom Guten, Unschuldigen fernhalten.

Propaganda ist also weit mehr als das gezielte Verbreiten bestimmter Meinungen und somit eine allgegenwärtige Waffe, die man gerade in der heutigen digitalisierten Welt auf keinen Fall unterschätzen sollte.

Warum kann man sich Dinge, die man niederschreibt, besser merken als Dinge, die man nur liest?

Bereits in der Schule hat man gelernt, dass man sich das, was man sich auch aufgeschrieben hat, besser merken kann. Dafür gibt es einen einfachen Grund. Beschäftigt man sich mit etwas, indem man es liest und auch zusammenfassend notiert, muss sich das Gehirn quasi doppelt mit dem Thema befassen. Denn beim Schreiben werden andere Bereiche im Gehirn aktiviert als beim Lesen. Der Text wird somit nicht nur »angesehen«, indem man ihn liest, sondern durch die Bewegung der Hand beim Schreiben auf eine andere Art verarbeitet. Das Gehirn beschäftigt sich also auf zwei verschiedene Weisen mit dem jeweiligen Thema und kann sich später besser daran erinnern.

Warum gibt es so viele Menschen, die nachts häufig zur selben Zeit aufwachen?

Dieses Problem haben mehr Menschen, als man denkt – sie wachen häufig mitten in der Nacht und pünktlich zur selben Uhrzeit auf. Dafür gibt es oft keine plausible Erklärung. Sie mussten weder eine Zeit lang um diese Uhrzeit aufstehen, noch donnerte jede Nacht um diese Zeit ein Zug am Schlafzimmerfenster vorbei. Oft machen sich die Betroffenen Sorgen um ihre Gesundheit, doch diese Sorgen sind unnötig.

Hinter diesem lästigen Problem steckt etwas anderes. Die Erklärung liegt darin, welche Art »Schläfer« man ist. Es gibt Menschen, die lediglich eine Schlafphase haben. Das heißt, sie gehen ins Bett und schlafen die Nacht durch. Selbstverständlich haben auch sie Tiefschlafphasen, Traumphasen und so weiter. Aber diese Phasen lösen einander ab, ohne dass der Schlafende dies bemerkt.

Menschen mit zwei Schlafphasen durchlaufen dieselben Phasen während der Nacht, mit dem Unterschied, dass sie nach einem »Durchlauf« sozusagen eine Pause machen. Wenn einmal alle Schlafphasen durchlaufen sind, wacht der Körper auf. Meistens braucht er dann nur eine halbe Stunde, um friedlich und aufs Neue in die verschiedenen Phasen einzutauchen.

Es ist weder abnormal noch ungesund, wenn man zu denjenigen gehört, die zwischen diesen Phasen erwachen. Schlimmer ist es, dass viele noch nie von diesem Phänomen gehört haben und sich Nacht für Nacht Sorgen um ihre Gesundheit machen. Die Folge ist: Man sitzt wach im Bett und grübelt – das wiederum ist nicht gesund. Besser wäre es, kurz aufzustehen, um sich zum Beispiel etwas zu trinken zu holen, und dann wieder ins Bett zurückzukehren. Der Körper wird dann relativ schnell wieder in einen gesunden Schlaf finden.

Warum wird man, wenn man hungrig ist, oft unausstehlich?

Bekommt der Körper länger keine Nahrung, passiert Folgendes: Als Erstes bemerkt das Gehirn den Mangel an Kohlehydraten. Denn es benötigt eine gewisse Menge an Kohlehydraten, um überhaupt funktionieren zu können. Kommt zu wenig Nachschub, schlägt es Alarm – eine lebenserhaltende Maßnahme also. Aufgrund dieses Alarmsignals des Gehirns produzieren die anderen Organe Stresshormone. Sie bewirken eine höhere Aggression, die in der Natur durchaus sinnvoll wäre – denn der Mensch würde ohne zu zögern alles jagen, was ihm essbar erscheint. Der Nachschub an Kohlehydraten und anderen lebenswichtigen Nährstoffen wäre wieder gesichert.

Die Aggression, die entsteht, wenn man Hunger hat, hat also einen sinnvollen Hintergrund.

Was passiert bei einem Déjà-vu-Erlebnis und woher kommt das Phänomen?

Zwei Drittel aller Menschen kennen die seltenen Momente, in denen sich Dinge zu wiederholen scheinen. Man beobachtet eine Situation oder Szene, bei der man sich absolut sicher ist, sie schon einmal genau so erlebt zu haben. Das Erstaunliche an diesem Moment ist, dass man sich ganz sicher ist, dass man das Ganze nicht geträumt, sondern wirklich erlebt hat. Man meint sogar, den nächsten Schritt, die kommende Handlung voraussagen zu können.

Dieses Phänomen nennt man Déjà-vu oder auch Erinnerungstäuschung. Unter normalen Voraussetzungen ist dieses Phänomen nicht bedenklich. Es konnte allerdings herausgefunden werden, dass Déjà-vu-Erlebnisse meistens in Situationen auftreten, in denen der Betroffene müde oder angestrengt ist. Es gibt auch Zusammenhänge mit schwereren psychiatrischen Erkrankungen, bei welchen diese Erinnerungsereignisse öfter vorkommen.

Warum werden wir an trüben Tagen schläfrig?

Mit dem Wetter und dem persönlichen Befinden ist es so eine Sache. Die einen sind extrem wetterfühlig und spüren jede Veränderung schon im Voraus, während andere gar nichts merken. Dieses Empfinden ist individuell verschieden stark ausgeprägt. Eines jedoch haben die meisten Menschen gemeinsam: Wird es draußen dunkel und kalt, hat fast jeder den Wunsch, sich zurückzuziehen und im besten Fall ein kleines Schläfchen zu halten. Dieses Empfinden ist vollkommen normal. Schuld an der Müdigkeit ist das Licht. Das Gehirn nimmt Licht wahr, um Tag und Nacht zu unterscheiden. Bekommt es frühmorgens über die Augen ein helles Lichtsignal, wirkt das wie eine Art Startschuss. Das Gehirn registriert, dass nun der Tag angebrochen ist, und aktiviert den Rest des Körpers. Das Ergebnis: Wir werden wach und aktiv.

Das Licht mit seinen Farben beeinflusst also den Tag- und Nachtrhythmus. Blauer Himmel und strahlende Sonne sind wie eine Uhr für unseren Körper – er weiß, es ist Tag, und bleibt aktiv. Kommen an einem trüben Tag nicht genug Licht und zu wenige Farben im Gehirn an, bleibt es nicht im Wachmodus, sondern meint, es wäre wieder Nacht. Also werden die Körperfunktionen umgeschaltet und heruntergefahren – man wird schläfrig.

Hilft Schafe zählen wirklich beim Einschlafen?

Ja! Der althergebrachte Trick funktioniert tatsächlich! Und im Grunde steckt eine simple Erklärung dahinter: Wenn man nicht einschlafen kann und anfängt, Schafe (oder was auch immer) zu zählen, beginnt man mit einer – im wahrsten Sinne des Wortes – ermüdenden Tätigkeit. Ermüdend vor allem für das Gehirn. Der immer wieder gleiche und dadurch monotone Vorgang, ein Schaf nach dem anderen zu zählen, lässt das Gehirn ermüden. Dazu kommt, dass man durch das Zählen so beschäftigt ist, dass sich keine anderen Gedanken entwickeln können. Denn wenn man damit beschäftigt ist, Schafe zu zählen, kann man nicht anfangen, über wichtige und aufreibende Themen nachzudenken, die einem den Schlaf rauben. Das Gehirn wird also ausgetrickst, indem es abgelenkt und gleichzeitig so gelangweilt wird, dass man letztendlich vollkommen entspannt in einen tiefen Schlaf sinkt.

Warum träumen wir?

Träume können wunderschön, aber auch verstörend oder gar angsteinflößend sein. Jeder kennt das Gefühl, nach einem intensiven Traum aufzuwachen und erst einmal ein paar Minuten zu benötigen, um wieder in die Realität zu finden. Aber warum träumt man eigentlich? Die nächtlichen Geschichten entstehen in unserem Gehirn und werden sozusagen vor unserem inneren Auge abgespielt. Denn während sich der restliche Körper erholt, läuft das Gehirn auf Hochtouren. Generell ist die Traumforschung noch lange nicht an dem Punkt, behaupten zu können, das Wissen über das Träumen sei gesichert. Was man inzwischen allerdings erkannt hat, ist, dass das Gehirn vor allem in der zweiten Hälfte der Nacht verstärkt aktiv ist. In dieser Zeit entstehen die bildhaften Sequenzen, die wir als Traum wahrnehmen. Einiges spricht dafür, dass wir tatsächlich jede Nacht träumen, auch wenn wir uns an das Geträumte am nächsten Tag nicht immer erinnern. In diesen Fällen waren die Träume einfach weniger intensiv.

Doch was macht das Gehirn, wenn es träumt, und wofür ist Träumen gut? Ganz sicher ist sich die Forschung auch in diesem Punkt nicht, aber es handelt sich bei den nachtaktiven Phasen des Gehirns anscheinend um eine Art Reinigungs- und Sortierungsprozess. Die Eindrücke des Tages werden verarbeitet und sortiert. Es heißt auch, dass gerade die Gehirne von Kindern in dieser Zeit Dinge erlernen, um dieses neue Wissen schließlich abzuspeichern. Dabei kann es sich auch um Erfahrungen handeln, die schon länger zurückliegen. Das Gehirn holt im Traum die gewonnenen Eindrücke hervor und entscheidet, ob es sich dabei um wichtige oder unwichtige Themen handelt. Dementsprechend werden manche Inhalte wieder »gelöscht« – ähnlich einem Reinigungsprogramm für Computer.

Aber abgesehen vom Ordnen und Verarbeiten dienen die verschiedenen Szenen in den Träumen dem Gehirn anscheinend auch zu Trainingszwecken. Im Traum können bestimmte Situationen wie in einem Simulator durchgespielt und damit geübt werden. Das könnte der Grund dafür sein, dass man immer wieder von unangenehmen Albträumen heimgesucht wird. Das Gehirn trainiert in diesem Fall den Umgang mit Situationen oder Dingen, die Angst bereiten. Während dieser »Trainingseinheiten« wird aber nicht nur geübt, sondern auch abgespeichert. Es heißt, dass das Träumen auch dazu dient, Erinnerungen festzuhalten.

So unverständlich und bizarr manche Träume also im Nachhinein erscheinen mögen – sie sind dennoch ein unverzichtbarer Vorgang für unser Dasein. Das Gehirn braucht das Träumen, um einwandfrei arbeiten und richtig reagieren zu können.

Was steckt dahinter, wenn einen gewisse Geräusche »in den Wahnsinn« treiben?

Das Spektrum von Geräuschen, die wirklich Nerven kosten, ist groß und für jeden ein bisschen anders. Dieses Problem kennen mehr Menschen als allgemein angenommen. Da gibt es Leute, die kurz vor einem Nervenzusammenbruch stehen, wenn sie das kratzende Geräusch von Fingernägeln auf einer Tafel hören. Andere werden zornig, wenn ihr Gegenüber beim Kaugummikauen schmatzt. Und manch einem reicht es schon, wenn der Sitznachbar im Kino zu laut atmet.

Was steckt hinter diesem Stress, den manche Menschen spontan spüren, wenn sie bestimmte Geräusche hören? Für dieses Phänomen gibt es eine wissenschaftliche Bezeichnung: Misophonie. Jemand, der an Misophonie leidet, hat es mitunter nicht leicht. Denn störende Geräusche kommen im Alltag immer wieder vor und können nur vermieden werden, indem der Betroffene rechtzeitig das Weite sucht.

Handelt es sich bei diesem Phänomen um eine Krankheit oder hat jeder Mensch ganz spezifische Misstöne, auf die er reagiert, ohne es beeinflussen zu können?

An diesem Punkt gehen die Meinungen der Wissenschaftler auseinander. Für einige, wie zum Beispiel das amerikanische Neurowissenschaftler-Paar Pawel und Margaret Jastreboff, die sich eingehend mit dem Thema beschäftigten und in den 90er-Jahren den Begriff »Misophonie« prägten, liegt dem Missempfinden gegenüber bestimmten Geräuschen ganz klar eine nervliche Störung zugrunde. Wirklich nachweisen konnten die beiden ihre These allerdings noch nicht.

Andere Forscher sind der Meinung, dass jeder Mensch auf bestimmte Geräusche genervt reagiert. Das kann daran liegen, dass man Geräusche mit schlechten Erfahrungen verbindet, zum Beispiel das klassische Quietschen der Kreide an einer Tafel. Es kann aber auch im Laufe der Zeit entstehen und hauptsächlich dann auftreten, wenn man sich in einer angespannten nervlichen Verfassung befindet.

So kann es passieren, dass man nach einer schlechten Nacht mehr oder weniger auf alles etwas empfindlicher reagiert. Das kann so weit gehen, dass Tippgeräusche des Kollegen im Büro bereits innere Zornesanfälle verursachen. Dennoch kann man nicht gleich von einer Störung ausgehen. Die moderne Wissenschaft ist sich einig, dass man erst dann von ernsthaften Problemen beziehungsweise Störungen sprechen kann, wenn sich aufgrund der nervtötenden Geräusche das Verhalten verändert. Wenn man anfängt, Situationen zu vermeiden, weil man den Geräuschen entgehen will, sollte man sich Gedanken machen. Damit ist nicht gemeint, dass man beizeiten vor dem Kugelschreiberklicken des Kollegen flieht. Gemeint sind Veränderungen, die das alltägliche Leben nachhaltig beeinflussen. Es gibt Menschen, die derart unter einer Misophonie leiden, dass sie zum Beispiel nicht mehr mit anderen gemeinsam essen können, weil sie deren Kaugeräusche nicht ertragen. Fängt man also wegen der störenden Geräusche an, sich dauerhaft abzugrenzen, sollte man sich Hilfe suchen.

Stimmt es, dass Haustiere dem Menschen guttun?

Es hat sich herumgesprochen, dass Vierbeiner, die ihr Leben mit uns teilen, einen positiven Effekt auf unser Wohlbefinden haben. Daher sind Haustiere in manchen Altenheimen und sogar in manchen Kliniken erlaubt (wenn auch nur kurzzeitig). Alles Einbildung? Oder ist diese Annahme richtig?

Nein, es handelt sich in diesem Fall nicht um einen Placebo-Effekt oder Einbildung! Ist der Mensch aufgrund einer Krankheit oder des Alters schwach geworden, reagiert er unglaublich gut auf die Gegenwart eines Tieres. Das ist bei gesunden Menschen ähnlich. Man hat herausgefunden, dass ein Tier durch seine Körperwärme, das weiche Fell und sein Aussehen bestimmte Hormone im menschlichen Körper freisetzt. Es sind ähnliche Botenstoffe, wie sie auch bei Körperkontakt zu nahestehenden Menschen wirksam werden. Man könnte auch sagen, es sind die vom Tier ausgelösten Kuschelhormone, die einen wohltuenden und heilenden Effekt haben. Der Blutdruck sinkt nachweislich, man entspannt sich und fühlt sich wohl. Außerdem fühlt man sich nicht allein, denn da ist jemand, der einem Zuneigung und Nähe gibt, und das tut jedem gut.

Inzwischen gibt es sogar speziell ausgebildete Therapiehunde, die in verschiedenen Bereichen mit großem Erfolg eingesetzt werden.

Warum haben wir Angst vor Spinnen?

Die sogenannte »Arachnophobie«, also die Angst vor Spinnen, stellt die Wissenschaft immer wieder vor die Frage: Warum haben wir Angst vor Spinnen und woher kommt diese Angst? Jeder fünfte Mann und jede dritte Frau haben diese Ängste, wenn sich die haarigen Mitbewohner zeigen. Allein mit den Urängsten zu argumentieren, reicht hier nicht aus. Denn bei genauerem Hinsehen wird schnell klar, dass diese Angst, zumindest in unseren Breitengraden, unbegründet ist, da die meisten Spinnen vollkommen harmlos sind. Andererseits müsste die Angst bei anderen Insekten, wie zum Beispiel bei Wespen, mindestens genauso stark, wenn nicht stärker ausgeprägt sein. Ein kleiner, uralter Teil unseres Unterbewusstseins mag Alarm schlagen, wenn sich ein Spinnentier nähert. Doch als wissenschaftliche Erklärung taugt sie für die vor allem in den westlichen Kulturländern verbreitete Panik nicht. Außerdem kann man in anderen Kulturen einen vollkommen gegenteiligen Umgang mit Spinnen beobachten. Dort werden die Tiere zuweilen sogar als eine Art Gottheit verehrt.

Eine andere Theorie besagt, dass die Angst vor den Tieren übertragen wird beziehungsweise erlernt ist. Dazu hat man Laboraffen, die keine Angst vor Spinnen zeigten, mit wilden Artgenossen zusammengebracht. Nach relativ kurzer Zeit entwickelten die Laboraffen dieselbe Angst vor Spinnen wie ihre frei lebenden Artgenossen. Die zahmen Affen hatten sich das Verhalten also abgeschaut. Etwas Ähnliches konnte man bei Kindern beobachten, die selbst noch nie eine schlechte Erfahrung mit einer Spinne gemacht hatten. Wenn die Eltern mit Angst oder Ekel auf Spinnen reagierten, taten es die Kinder auch.

Neueste Studien zu dem Thema bringen eine weitere mögliche Erklärung ins Spiel. Dabei geht es um den Kontrollverlust, vor dem sich manche Menschen so fürchten. Solange man alles unter Kontrolle hat, kann nichts Unvorhergesehenes passieren – die Welt ist in Ordnung und man braucht keine Angst zu haben. Gerät diese Ordnung aber ins Wanken, entsteht unkontrollierbares Chaos. Und eben dieses Chaos macht vielen Menschen Angst. Eine Spinne ist, psychologisch gesehen, die Ausgeburt von Chaos. Sie taucht, völlig unvorhersehbar, plötzlich auf, um dann genauso schnell wieder zu verschwinden. Man weiß also nicht, was als Nächstes passiert. Außerdem ist sie allein durch die Anzahl ihrer Beine, die sie zudem auf ganz andere Art und Weise benutzt als zum Beispiel Vierbeiner oder der Mensch, schwer einzuordnen. Sie bewegt sich schnell und anders und ist damit beängstigend. Alleine die Tatsache, dass sie ihre acht Beine unabhängig voneinander bewegt, ist für das menschliche Auge verwirrend. Die Spinne ist also »nicht-vorhersagbar« und damit unkontrollierbar für den Menschen. Hat man generell ein hohes Bedürfnis nach Sicherheit, kann einen der Anblick einer Spinne also durchaus aus der Fassung bringen.

Warum kommt es einem so vor, als würde die Zeit, die man mit schönen Dingen und Spaß verbringt, schneller vergehen, als wenn man sich langweilt?

Hier lautet das Zauberwort Ablenkung. Es ist eine reine Frage der Ablenkung, denn wenn man etwas gern tut, achtet man nicht darauf, wie viele Minuten oder Stunden vergehen. Man ist so abgelenkt von dem, was man tut, dass die Zeit im wahrsten Sinne des Wortes verfliegt. Sitzt man dagegen gelangweilt herum und wartet auf etwas Bestimmtes, kommt es einem so vor, als würde sich der Zeiger der Uhr im Schneckentempo über das Zifferblatt schieben. Es ist also das genaue Gegenteil, als wenn man abgelenkt ist, man beachtet, beobachtet und wendet sich einem Thema zu: der Zeit.

Warum stottert man beim Singen nicht?

Es gibt vielerlei Gründe, warum ein Mensch zu stottern beginnt. Ebenso verschieden können auch die Reaktionen auf bestimmte Übungen sein, die das Stottern verhindern sollen. Es kann also passieren, dass der eine tatsächlich während des Singens völlig frei ist vom Stottern, während ein anderer gegenteilig reagiert und keinen Ton herausbringt.

Trotzdem kommt es sehr oft vor, dass das Singen wie eine kurze, vollständige Heilung vom Stottern wirkt. Das liegt hauptsächlich daran, dass Singen eine gänzlich andere Tätigkeit ist als Sprechen – zumindest für das Gehirn. Beim Singen verändert sich die Atmung, sie wird tiefer und ruhiger. Außerdem handelt es sich bei den Texten, die gesungen werden, um vorgegebene Zeilen. Das heißt, man muss über das, was man von sich gibt, nicht lange nachdenken. Auf diese Weise verliert man die Angst vor Fehlern, die wiederum für Aufregung sorgt. Wenn man singt, gibt man etwas von sich, erwartet aber keine Antwort und schon gar keine Entwicklung eines Gesprächs. Und es hilft der Rhythmus: Man hat einen vorgegebenen Takt, dem man melodisch folgt. Das ist oft einfacher für das Gehirn, als selbstständig nach Sprechpausen suchen zu müssen.

Alles in allem ist Singen also ein Vorgang, bei dem Auslöser für das Stottern schlicht nicht existieren und deshalb ein Stottern oftmals nicht vorkommt.

Was passiert, wenn sich das Gehirn täuscht? – Optische Täuschungen

Inzwischen gibt es ganze Buchreihen, die sich mit den beliebten optischen Täuschungen beschäftigen. Denn es ist zugegebenermaßen ein Riesenspaß für Groß und Klein, wenn man feststellt, dass man gerade das Opfer eines kleinen Tricks geworden ist. Grundsätzlich ist jedem klar: Bei einer optischen Täuschung wird das Gehirn ausgetrickst. Aber wie funktioniert das genau? Was passiert im Kopf, wenn man auf eines der »falschen« Bilder schaut?

Blickt man auf ein Bild, passiert zunächst Folgendes: Das Bild wird von den Augen über den Sehnerv an das Gehirn weitergeleitet. Doch das geschieht nicht so, wie viele es sich vorstellen. Es wird nämlich nicht das ganze Bild weitergeleitet, sondern nur Stücke. Kommen diese Stücke dann im Gehirn an, werden sie wieder zusammengesetzt. Da aber jedes Gehirn anders ist und von vielen verschiedenen Faktoren wie Erlebnissen und Gefühlen beeinflusst wird, sieht jeder ein und dasselbe Bild auf eine andere Weise. Natürlich sind die Unterschiede minimal, sodass wir denken, wir hätten alle exakt dasselbe Bild im Kopf.

Wenn das Gehirn die ankommenden Stücke des Bildes zusammensetzt, geht es von bestimmten Voranahmen aus. Genau darin liegt der Trick einer optischen Täuschung: Das Gehirn setzt die Bildstücke so zusammen, dass es für das jeweilige Gehirn einen Sinn ergibt. Genauso funktionieren auch die lustigen Texte mit Buchstabensalat. Hier werden Wörter absichtlich falsch oder verdreht geschrieben. Die Anordnung der Buchstaben ist dem Gehirn in dem Fall aber egal, es setzt sie einfach so zusammen, wie sie für die erlernten Muster im Gehirn einen Sinn ergeben. Deshalb fällt es einem Leser manchmal gar nicht auf, dass die Buchstaben im Text verdreht sind oder fehlen. Diese Unstimmigkeiten werden vom Gehirn einfach richtig gerückt.

Je älter ein Mensch ist, umso festgefahrener sind die Muster, nach denen das Gehirn ordnet. Deshalb fallen Erwachsene eher auf optische Täuschungen herein als Kinder.

Was genau ist eigentlich Demenz und wie kann man sich davor schützen?

Demenz gehört zu den Krankheiten, die immer häufiger auftreten. Im Moment leiden in Deutschland circa 1,3 Millionen Menschen an dieser Krankheit. Experten gehen davon aus, dass die Tatsache, dass wir immer älter werden, ein Grund ist, warum immer mehr Menschen von der Krankheit betroffen sind. Sie nehmen außerdem an, dass es in etwa 30 Jahren doppelt so viele Erkrankte geben wird.

Doch fangen wir mit dem Was und dem Wie an!

Was ist Demenz? Der Begriff Demenz ist ein Oberbegriff für verschiedene Krankheiten, durch die die geistige Leistungsfähigkeit zunehmend vermindert wird. Durch das Verändern der Leistungsfähigkeit verändert sich auch der Mensch, den es betrifft. Er ändert sein Verhalten. Diese Verhaltensänderung ist es, die betroffenen Angehörigen so zu schaffen macht; je nach Schwere der Erkrankung ist sogar das Erkennen der Familienmitglieder eingeschränkt oder nicht mehr möglich. Demenz wird durch verschiedene Krankheitsbilder hervorgerufen. Sie ist eine Folge von Durchblutungsstörungen des Gehirns. Diese Durchblutungsstörungen entstehen oft durch kleine Entzündungen, Verschlüsse oder Blutungen an den Blutgefäßen im Gehirn. Diese bewirken ein Absterben von Nervenzellen und damit eine Verringerung der geistigen Leistungsfähigkeit. Ein anderer häufiger Auslöser einer Demenzerkrankung ist die Alzheimer-Krankheit. Sie greift die Nervenzellen im Gehirn an und zerstört sie.

Wie äußert sich eine Demenz? Menschen, die an Demenz erkranken, sind anfangs häufig nur vergesslich. Da die Krankheit in einem Alter ab 65 Jahren auftritt, werden ihre ersten Symptome oft mit einer ganz normalen »Altersschusseligkeit« verwechselt. Vor allem Dinge, die im Kurzzeitgedächtnis gespeichert werden – »Wo habe ich gleich noch mal die Schlüssel hingelegt?« – geraten immer mehr in Vergessenheit. Je mehr Hirnzellen absterben, umso deutlicher treten dann die typischen Anzeichen der Demenz hervor. Die anfängliche Schusseligkeit vermischt sich mit (für einen Außenstehenden) merkwürdigen Verhaltensweisen. Die Betroffenen machen auf einmal Dinge, die sie vorher nie gemacht haben. Das liegt daran, dass sie nach und nach die Orientierung verlieren. Die Orientierungslosigkeit betrifft aber nicht nur den Ort, an dem man sich befindet. Sie weitet sich auf alles aus, was Orientierung geben kann, auf Menschen, Begebenheiten, Erinnerungen, Zeit und so weiter. Je mehr von diesen »Ankerpunkten« im Leben dem Gedächtnis verloren gehen, umso schwerer finden sich die Erkrankten zurecht.

Interessanterweise sind bestimmte Areale des Gehirns oft nicht von der Krankheit betroffen. Menschen mit Demenz können sich mitunter sehr gut an lang vergangene Geschichten erinnern – das Langzeitgedächtnis funktioniert also.

Bis heute ist die Forschung bezüglich der Demenzerkrankungen nicht abgeschlossen und es gibt viele Bereiche, bei denen Wissenschaftler an die Grenzen der Erkenntnis stoßen. Man weiß zum Beispiel nicht genau, warum die Erkrankung bei einem Menschen auftritt und bei einem anderen nicht. Anscheinend gibt es gewisse Risikofaktoren, die das Auftreten der Krankheit fördern können: Rauchen, zu viel Alkohol, hoher Blutdruck und hohe Cholesterinwerte, zu wenig geistiges Training und Bewegung im Allgemeinen. Man kann die Krankheit bis jetzt zwar nicht heilen, aber eine vernünftige Lebensweise und vor allem ein frühes Erkennen und Behandeln können die Auswirkungen verlangsamen. Es gibt spezielle Medikamente und Behandlungsmöglichkeiten, um ein Fortschreiten der Demenz zu verzögern.

Demenz ist eine Erkrankung, die starke Auswirkungen auf die Angehörigen der Betroffenen hat. Sie bringt die nähere Familie oft an die Grenzen der Belastbarkeit. Und häufigt ist eine Unterbringung im Heim die letzte Möglichkeit der Familienmitglieder, eine passende und sichere Betreuung zu ermöglichen. Daher sollte man als Betroffener die Hilfe von Beratungsstellen und Selbsthilfegruppen nutzen. Hier bekommt man wertvolle Tipps und Hilfestellungen, die das Leben einfacher machen können.

Welche Tricks gibt es, um das Gehirn fit zu halten?

Man kann das Gehirn durchaus trainieren und fit halten. Gerade wenn Konzentration und Aufmerksamkeit mit zunehmendem Alter etwas nachlassen, gibt es ein paar Tricks, um die grauen Zellen in Bewegung zu halten.

Die wichtigsten sind:

1. Ausreichend Schlaf,
2. Wenig Alkohol,
3. Gutes »Futter« für das Hirn,
4. Gesunde Neugier und Beschäftigung,
5. »Entmüllen«.

Punkt 1 erklärt sich selbst – wer müde ist, merkt deutlich, wie die Leistung des Gehirns nachlässt. Man sollte versuchen, dem körpereigenen Computer die Ruhephasen zugestehen, die er braucht, um gut arbeiten zu können.

Dass Alkohol Gehirnzellen zerstören kann, ist inzwischen bekannt. Natürlich schadet das berühmte Gläschen Rotwein den grauen Zellen nicht. Wer aber zu oft zu tief ins Glas schaut, riskiert deutliche Einbußen an Konzentration und Merkfähigkeit (siehe Seite 84: Was passiert im Gehirn, wenn man Alkohol trinkt?).

Man kann über die Nahrungszufuhr dafür sorgen, dass das Gehirn ein extra »Leckerli« bekommt: mit Nüssen. Nüsse sind für das Gehirn eine Art Power Booster und in angemessenen Mengen auch für den restlichen Körper gut.

Eine andere Art »Futter« für das Hirn sind die Dinge, mit denen wir uns und damit auch unser Gehirn beschäftigen. Unser eingebauter Super-Computer dankt es uns immer, wenn wir, statt mehrere Stunden in den Fernseher zu glotzen, ein ganz alltägliches Kreuzworträtsel lösen.

Gesunde Neugier und Beschäftigung wirken wie ein Jungbrunnen. Wenn das Gehirn fragen und erforschen darf, und das am besten noch mit allen Sinnen, bleibt es jung und fit. Es ist also nur gut, wenn man sich immer wieder mit den Dingen beschäftigt, die einen interessieren. Wechselt man die verschiedenen

Tätigkeiten wie Lesen, ein Instrument spielen oder kreatives Arbeiten, ist das Training perfekt.

Nicht zuletzt sollte man dem Gehirn auch immer wieder freie Kapazitäten schaffen. Ein Beispiel: Die Wohnung ist unaufgeräumt, alles fliegt kreuz und quer herum, man findet vor lauter Chaos gar nichts mehr. So ähnlich sieht es auch manchmal in unseren Köpfen aus. In dem Fall heißt es – Entmüllen! Sonst ist das Gehirn mit so vielen Dingen gleichzeitig beschäftigt, dass man sich nicht mehr auf eine Sache konzentrieren kann. Hierzu gibt es einige Tricks:

- Ein Spaziergang: einfach alles liegen und stehen lassen und an die frische Luft gehen. Hier kann man sich in Ruhe sortieren.

- Autogenes Training: abschalten und überflüssige Gedanken vorbeiziehen lassen.

- Eine Prioritätenliste erstellen: Was ist heute der wichtigste Punkt? Was möchte ich bis abends erreicht beziehungsweise erledigt haben?

UNSERE NAHRUNG

Warum sollte man ein Glas mit Wasser in die Mikrowelle stellen, wenn man etwas darin erhitzt?

Für das zusätzliche Wasser in der Mikrowelle gibt es zwei Gründe:

1. Das Wasser im Glas wird genauso erhitzt wie die Speise, die zubereitet werden soll. Dabei verwandelt es sich in warmen Wasserdampf, der im Gerät aufsteigt. Da der Dampf nicht entweichen kann, bleiben seine Energie und damit seine Wärme in der Mikrowelle. Das Gericht wird somit stärker erhitzt und besser durchgekocht.

2. Durch das Erhitzen in der Mikrowelle verlieren die Speisen oft an Feuchtigkeit. Der zusätzliche Wasserdampf hilft, dass die Mahlzeit nicht austrocknet und an Geschmack einbüßt.

Warum »poppt« Popcorn?

Zuerst einmal ist es nicht so, dass wirklich jedes *corn* (Maiskorn) poppt. Das liegt daran, dass es verschiedene Maissorten gibt. Die Sorte, die für die Tiere als Futtermais verwendet wird, eignet sich zum Beispiel gar nicht dazu, das so beliebte Naschwerk zu zaubern. Es kommt also hauptsächlich auf die Art und damit die Beschaffenheit des Maiskorns an, damit es am Ende auch »aufpoppt«.

Hat man die richtige Sorte gewählt, passiert bei der Zubereitung Folgendes: Das Maiskorn besteht aus einer Hülle und im Inneren hauptsächlich aus Wasser und Stärke. Wenn man das Maiskorn erhitzt, werden damit auch die Stärke und das Wasser erhitzt. Durch die Wärme dehnt sich beides aus und das Maiskorn bläht sich auf. An einem bestimmten Punkt (das ist meistens bei circa 175 Grad) kann die Hülle des Korns dem Druck nicht mehr standhalten und platzt auf. Das ist dann der berühmte Poppeffekt. Danach kühlt das aufgeplatzte Korn wieder ab und bleibt in dieser Form. Erstaunlich ist dabei die Festigkeit des Maiskorns. Denn es platzt erst auf, wenn es im Inneren einen Druck erreicht hat, der dreimal höher ist als zum Beispiel der Druck in Autoreifen.

Doch nicht nur der altbekannte Popcornmais kann auf diese Weise zubereitet werden. Auch Amarant ist eine Getreidesorte, die aufpoppt, wenn man sie erhitzt.

Warum sind Eiswürfel im Inneren immer weiß?

Wenn man Eiswürfel aus dem Gefrierfach holt, sind sie von weißen Schlieren durchzogen. Doch woher kommt dieses Muster und gibt es auch klare Eiswürfel?

Im Wasser befindet sich Sauerstoff. Diese »Luft« wird, wenn das Wasser gefriert, mit eingeschlossen und dadurch sichtbar gemacht. Wird Wasser gekühlt, fängt es langsam an zu frieren. Es verwandelt sich in kleine Kristalle, die sämtliche anderen Inhaltsstoffe wie die Luft verdrängen. Dort, wo das Wasser bereits zu Kristallen gefroren ist, ist weniger Platz für die anderen Stoffe. Sie werden in den Bereich geschoben, der noch nicht so kalt ist. Wenn der Eiswürfel später komplett durchgefroren ist, kann man diese Stellen erkennen, an ihnen sind die meisten weißen Schlieren. Dies ist der Teil, der als Letztes gefroren ist.

Möchte man klare Eiswürfel herstellen, sollte man das Wasser abkochen, bevor man es in den Tiefkühler gibt. Durch den Kochvorgang wird der Sauerstoff, also die Luft »entfernt« und das Wasser kann gefrieren, ohne Schlieren zu bilden.

Stimmt es wirklich, dass verbrannte Nahrungsmittel Krebs verursachen können, und wenn ja, warum?

Die unangenehme Antwort lautet: Ja. Verbrannte Nahrungsmittel sind eigentlich nicht mehr zum Verzehr geeignet. Das liegt daran, dass in dem Moment, in dem man das Essen so erhitzt, dass es an manchen Stellen verkohlt, krebserregende Stoffe entstehen. Man nennt sie krebserregende Kohlenwasserstoffe. Sie beinhalten zum Beispiel Ruß und Teer. Man sollte deshalb immer aufpassen, dass nichts verbrennt. Ist es aber doch einmal passiert, sollte man nachsehen, wie stark das Essen verbrannt ist. Wenn es ganz schwarz ist, sollte es besser entsorgt werden. Sind es lediglich einige Stellen, die zu heiß wurden, zum Beispiel die Ränder, kann man sie abschneiden und den Rest essen.

Warum erhöht Zucker die Wirkung von Alkohol?

Nimmt man alkoholische Getränke zu sich, wird man schneller betrunken, wenn in ihnen Zucker enthalten ist. Einerseits liegt das daran, dass man süße Getränke schneller trinkt als andere. Man schmeckt den Alkohol einfach weniger, als wenn man ihn pur zu sich nehmen würde. Also trinkt man schneller und mehr. Andererseits liegt es auch an der Beschaffenheit des Zuckers, warum man bei gesüßten Getränken den Alkohol schneller spürt als bei ungesüßten. Der Zucker wirkt wie eine Art Türöffner und damit Beschleuniger. Denn Zucker hat die Eigenschaft, direkt ins Blut überzugehen. Wird er zusammen mit Alkohol genossen, nimmt er den Alkohol sozusagen gleich mit. Das heißt, dass der Alkohol auf diese Weise viel schneller im Blut ankommt als ohne Zucker und uns schneller betrunken werden lässt.

Warum wird Milch meistens in mit Aluminium beschichteten Tetrapacks aufbewahrt und nicht in Glasflaschen?

Wie wir wissen, gibt es sie noch, die Glasflasche, in der die Milch aufbewahrt wird. Dabei handelt es sich in der Regel um Frischmilch, bei der davon ausgegangen wird, dass sie innerhalb weniger Tage verbraucht wird. Haltbare Milch wird dagegen immer in den Alu-Packs gelagert, weil damit gleich mehrere Fliegen mit einer Klappe geschlagen werden:

- Zum einen ist die Aluminiumbeschichtung schlichtweg hygienisch – an ihrer Oberfläche können sich Bakterien sehr schlecht ansammeln.
- Aber auch die Haltbarkeit der Milch wird so erhöht. Die Inhaltsstoffe der Milch würden sonst mit Plastik oder Papier reagieren und somit schneller verderben.
- Ein weiterer Grund für die Lagerung der H-Milch in Aluminiumpacks ist das Licht. Milchprodukte vertragen Licht eher schlecht. Wenn sie zu hell gelagert werden, reagieren die Proteine in der Milch auf das Licht und fangen an zu gären – die Milch wird schneller sauer.

Warum sind keimende Kartoffeln giftig?

Manch einer denkt, dass die Geschichte mit den giftigen Keimen der Kartoffel ein Lügenmärchen ist. Hier ist Vorsicht geboten! Denn die Keime, die sich entwickeln, wenn Kartoffeln länger gelagert werden, sind tatsächlich giftig. Beim Keimen entsteht ein Stoff, das sogenannte »Solanin«. Dieser Stoff ist für Menschen wirklich giftig – allerdings nur in höheren Dosen. Aber um ein Unwohlsein oder Magen-Darm-Probleme zu verhindern, sollte man bei einer Kartoffel, die Keime hat, genau hinsehen und kontrollieren: Wie lang keimt sie schon und hat die Kartoffel zusätzlich grüne Stellen? Diese Stellen enthalten nämlich das giftige Solanin. Wenn die Keime nicht größer als einen Zentimeter und die grünen Stellen noch relativ selten und klein sind, kann man beides großzügig ausschneiden und die Kartoffel noch essen. Handelt es sich jedoch um größere Triebe oder mehr Stellen, sollte man sie besser entsorgen.

Eigentlich dient das Solanin zum Schutz der Kartoffel und ist in ähnlicher Weise auch in Tomaten zu finden. Durch den leicht bitteren Geschmack, der sich durch das Gift entwickelt, sollen Fressfeinde abgeschreckt werden. Außerdem schützt der Stoff vor Fäulnis. Solange die Kartoffel noch nicht austreibt oder schon länger lagert, ist der Anteil des Solanins noch gering und für uns Menschen unbedenklich. Daher sollte man Kartoffeln immer dunkel und kühl lagern, denn durch Licht und Wärme wird der Vorgang des Keimens beschleunigt. Passiert es trotzdem, sollte man die Keime, wie gesagt, großzügig entfernen, aber auch darauf achten, dass man diese Kartoffeln schält, bevor man sie kocht, und das Kochwasser anschließend wegschütten. Das restliche Gift löst sich durch die Hitze beim Kochen aus der Schale und geht in das Wasser über. Daher sollte man das Wasser auch entsorgen.

Warum heißt der Leberkäse Leberkäse?

Leberkäse ist eine ebenso leckere wie verwirrende Sache. Die meisten mögen ihn, egal ob stückweise auf einem Brötchen, dünn aufgeschnitten auf dem Teller oder in seiner ganzen Form als Kastenlaib. Doch gelegentlich fragt man sich, woher die merkwürdige Bezeichnung Leberkäse eigentlich kommt. Denn die Mischung aus Leber und Käse dürfte bei den wenigsten zu geschmacklichen Begeisterungsstürmen führen. Generell ist der Leberkäse eine hauptsächlich in Bayern, Österreich und der Schweiz verbreitete Brühwurst-Art. In früheren Zeiten wurden der Wurstmasse tatsächlich noch Anteile von Leber beigemischt, inzwischen ist das aber vor allem bei dem bayerischen Leberkäse nicht mehr der Fall. Hier besteht das Brät aus Rind- und Schweinefleisch, Speck, Majoran, Wasser und Salz. In dem Fall trägt der Leberkäse aber auch den Namenszusatz bayerischer Leberkäse. In allen anderen Gebieten, in denen man die Köstlichkeit anbietet, ist allerdings tatsächlich ein gewisser Anteil an

Leber enthalten, außer er wird unter dem Namen »Fleischkäse« angeboten.

Die Sache mit dem »Käse« im Namen hat allerdings nichts mit den Zutaten zu tun, sondern entstand durch die Form. Denn Leberkäse wird im Ganzen immer als Brät in einer Kastenform angeboten und erinnert dadurch an einen Laib Käse. Es kommt also darauf an, wo man den Leberkäse kauft. Wer aber ganz sicher sein will, dass sich in seinem Stück keine Leber befindet, der sollte die bayerische Variante wählen oder aber einen Fleischkäse bestellen.

Warum kühlt warmer Tee den Körper an heißen Tagen tatsächlich besser als eiskalte Getränke?

Dass gerade in sehr heißen Ländern am liebsten warmer Tee in kleinen Schlucken zu sich genommen wird, ist inzwischen kein Geheimnis mehr. Trotzdem ist es für uns Europäer eher gewöhnugsbedürftig, an heißen Sommertagen zu warmem Tee statt Getränken aus dem Kühlschrank zu greifen. Auf den ersten Blick scheint es logisch, dass Kaltes besser abkühlt. Schaut man genauer hin, ist jedoch das Gegenteil der Fall. Kalte Getränke senden dem Körper sozusagen eine falsche Botschaft. Denn sie veranlassen ihn zum »Heizen«, bis das Getränk im Körper ebenfalls Körpertemperatur erreicht hat. Der Effekt ist somit ein gegenteiliger: Man kühlt sich nicht ab, sondern heizt sich weiter auf. Warmer Tee, der bereits Körpertemperatur hat und in kleinen Schlucken aufgenommen wird, strengt den Körper nicht an und verbraucht am wenigsten Energie. Außerdem veranlasst die Wärme des Tees in Verbindung mit der Außentemperatur den Körper, immer ein wenig zu schwitzen. Durch das Schwitzen wiederum kühlt sich der Körper ab. Wäre der Tee allerdings zu heiß, würde man zu viel schwitzen und dadurch zu viel Flüssigkeit verlieren.

Was passiert mit dem Körper, wenn man keinen zusätzlichen Zucker mehr zu sich nimmt?

Es gibt »sichtbaren« (offensichtlichen) Zucker und versteckten. Der sichtbare Zucker steckt in allem, was wir in Form von gesüßten Getränken, Süßigkeiten oder anderem Naschwerk zu uns nehmen. Im Schnitt nimmt ein Mensch auf diese Weise am Tag circa eine halbe Tasse Zucker zu sich.

Der sogenannte versteckte Zucker befindet sich in Lebensmitteln, von denen die meisten gar nicht wissen, dass sie Zucker enthalten, zum Beispiel in Obst, Salat, Joghurt und so weiter.

Eine gewisse Menge Zucker ist für den Menschen lebenswichtig. Für Frauen sind das circa 50 Gramm am Tag. Männer dürfen circa 65 Gramm zu sich nehmen, weil sie größer und kräftiger sind und deshalb mehr Energie benötigen. Isst man über eine lange Zeit mehr als diese Menge an Zucker, können ernsthafte Krankheiten die Folge sein (Zuckerkrankheit, Herzinfarkt).

Wenn man also versucht, so wenig Zucker wie möglich zu essen, und darauf achtet, dass man nur den notwendigen Zucker – und dann aus Obst oder Salaten – zu sich nimmt, wird Folgendes passieren:

- Man würde relativ schnell an Gewicht verlieren,
- Der Schlaf verbessert sich – man ist tagsüber wacher und dementsprechend nachts müde,
- Die Haut wird schön und strahlend,

- Das Gehirn arbeitet besser; zu viel Zucker unterbricht Leitungen,
- Schwere Krankheiten, die durch zu viel Zucker entstehen können, haben schlechte Karten.

Alles in allem kann man also sagen: Wenn man weniger nascht und dafür öfter mal einen Apfel isst, tut man seinem Körper etwas Gutes und hilft, ihn gesund zu halten.

Was ist der sogenannte »brain freeze«?

Der Begriff *brain freeze* begegnet einem derzeit immer öfter und viele wissen gar nicht, worum es sich dabei eigentlich handelt beziehungsweise was während eines brain freezes überhaupt passiert.

Der brain freeze, also »Gehirnfrost«, setzt immer dann ein, wenn man eiskalte Getränke oder Eis zu sich nimmt. Das betrifft nicht automatisch jeden; tritt es aber auf, ist es eine schmerzhafte und unangenehme Erfahrung. Denn während dieses Gehirnfrostes verspürt der Betroffene einen kurzen, aber stechenden Kopfschmerz, den er sich meistens nicht erklären kann. Lange Zeit stand auch die Wissenschaft vor einem Rätsel und man konnte nicht mit Sicherheit sagen, wie und warum der Schmerz entstand. Inzwischen konnte die Forschung aber einen Durchbruch erzielen: 2012 fand ein Forscherteam aus den USA heraus, dass der brain freeze immer dann entsteht, wenn zu kalte Speisen oder Getränke zu schnell gegessen oder getrunken werden. In dem Moment, in dem zum Beispiel das Eis den Gaumen berührt, durchfährt die Betroffenen ein stechender Schmerz, der sich anfühlt, als würde sich das Gehirn zusammenziehen. Circa 30 Sekunden später ist der Spuk dann glücklicherweise wieder vorbei.

Doch wie entsteht der unangenehme Kältekopfschmerz? Im Endeffekt handelt es sich bei der schmerzhaften Reaktion des Körpers um einen Schutzmechanismus. Das Gehirn darf auf keinen Fall in kurzer Zeit extrem abkühlen. Durch den Kälteschock am Gaumen wird der Körper alarmiert und pumpt, um das Gehirn zu schützen, Unmengen an Blut in den Kopf, damit die Temperatur wieder steigt. Und genau diese Mengen Blut, die durch die Hauptschlagader des Kopfes strömen, sind der Grund für den Schmerz.

Der Schmerz des brain freezes ist zwar äußerst unangenehm, aber dennoch eine wichtige Schutzfunktion des Körpers. Trotzdem muss man sich keine Sorgen machen, denn gefährlich ist der Kältekopfschmerz auf keinen Fall. Man kann ihn etwas erträglicher machen und teilweise sogar vermeiden, indem man kalte Speisen und Getränke einfach etwas langsamer verzehrt. Oft hilft es auch, wenn man schnell die Zunge an den Gaumen drückt, dadurch wird die Haut wieder erwärmt und der Körper empfindet »Entwarnung«. Abgesehen davon spüren nicht alle Menschen den Kältekopfschmerz.

Was passiert beim Schlucken, damit Essen nicht in die Luftröhre rutscht?

Um den Körper davor zu schützen, dass Nahrungsmittel beim Schlucken in die Lunge geraten, gibt es den Kehldeckel. Er funktioniert wie eine Klappe, die beim Schlucken automatisch die Luftröhre bedeckt und gleichzeitig den Weg in den Magen freigibt. Dadurch ist er Verschluss und Weiche zugleich und Essen landet da, wo es hingehört. Das erklärt auch den Ausdruck »verschlucken«. Bekommt man Speisepartikel in die Luft- statt in die Speiseröhre, hat man sich im wahrsten Sinne des Wortes »verschluckt«.

Warum bekommt man Kopfweh, wenn man zu wenig trinkt?

Es ist tatsächlich so: Wenn man zu wenig trinkt, bekommt man Kopfweh. Dafür gibt es eine einleuchtende Erklärung. Wenn das Gehirn zu wenig Flüssigkeit zur Verfügung hat, zieht es sich zusammen. Man kann sich das wie bei einem Schwamm vorstellen – wenn er trocken wird, schrumpft er. Die Gehirnmasse zieht sich dann vom Schädel zurück und das schmerzt. Es funktioniert wie eine Art Alarmsystem, denn ein Gehirn kann ohne Flüssigkeit nicht richtig arbeiten und letztlich nicht überleben. Wird also zu wenig Flüssigkeit aufgenommen, betätigt das Gehirn durch das Schrumpfen einen Alarmknopf. Der Körper reagiert mit Schmerzen, um darauf hinzuweisen, dass etwas nicht in Ordnung ist. In Kombination mit dem eintretenden Durstgefühl weiß der Mensch in der Regel, was zu tun ist: Er muss schnell etwas zum Trinken finden!

Warum kommt man bei scharfem Essen ins Schwitzen?

Scharfes Essen polarisiert. Manche können nicht genug von der feurigen Würze bekommen – andere haben das Gefühl, Tode zu sterben, wenn sie aus Versehen auf etwas Scharfes gebissen haben. Ganz egal, ob man Fan oder Verächter der pikanten Speisen ist, die körperlichen Reaktionen auf Schärfe sind bei allen gleich: Schweiß beginnt zu rinnen, die Augen tränen, die Nase läuft und manchmal ist es sogar ein bisschen schwierig mit der Atmung. Wie geht das? Wie können bereits geringe Dosen scharfer Lebensmittel derartige Reaktionen hervorrufen?

Grund dafür ist die Zusammensetzung dessen, was scharf ist. Denn scharfe Speisen und Gewürze haben eines gemeinsam: das Alkaloid (alkalische organische Verbindung) Capsaicin. Es ist für die Schärfe verantwortlich, die man wahrnimmt, wenn man zum Beispiel Chillis zu sich nimmt. Das Tückische an dem Stoff ist, dass er extrem robust ist, also weder durch Erhitzen (beim Kochen) noch extreme Kälte (im Gefrierfach) an Stärke einbüßt. Wie scharf dann zum Beispiel eine Chillischote ist, wird in den sogenannten Scoville-Graden gemessen. Dabei reichen die Werte von einer normalen Paprika, die bei 0 liegt, bis hin zu speziellen Chillizüchtungen aus Mexiko, die einen Scoville-Grad von über 400 000 Einheiten übertreffen können.

Es ist aber nicht allein der Stoff Capsaicin, der die Köperreaktionen auslöst. Erst wenn Capsaicin auf die entsprechenden Rezeptoren trifft, löst er eine Kettenreaktion in uns aus. Rezeptoren befinden sich in Form von Geschmacksrezeptoren im Mundbereich. Ihre Aufgabe ist es, uns den Geschmack der Gerichte zu melden, die wir zu uns nehmen. Trifft Capsaicin nun auf diese Rezeptoren, werden sie und damit auch die Mundschleimhaut, in der sie liegen, gereizt. Diese Reizung führt zu einer verstärkten Durchblutung und somit zu einem Ansteigen des Blutdrucks, der wiederum für vermehrtes Schwitzen sorgt. Interessanterweise ist aber das Brennen, das wir im Mund spüren, wenn wir etwas Scharfes essen, ein Trugschluss. Denn Capsaicin setzt sich auf die Rezeptoren, die sonst für das Wärmeempfinden in unserem Mund zuständig sind. Das heißt also, dass es nicht wirklich brennt, sondern nur, dass diese speziellen Nerven gereizt wurden.

Was kann man unternehmen, um scharfes Essen besser zu vertragen? Zum einen kann man sich sozusagen desensibilisieren. Denn Capsaicin besetzt die Rezeptoren im Mund ziemlich lange, sodass häufiger Konsum dazu führt, dass man weniger empfindlich reagiert. Wenn man allerdings kein Verfechter scharfer Kost ist und deshalb nicht unbedingt scharf essen möchte, sollte man sich der altbewährten Methode zum »Löschen« von Schärfe bedienen. Das funktioniert am besten mit einem Glas Milch oder einem Joghurt, denn Capsaicin ist fettlöslich. Auf keinen Fall sollte man Wasser verwenden, denn dadurch würde man die unliebsame Schärfe nur im Mund verteilen.

Kann man auch zu viel trinken? Und wenn ja, was können die Folgen sein?

Vor einem halben Jahrhundert etwa interessierte sich kaum jemand für die Menge an Wasser, die man am Tag zu sich nehmen sollte. Das änderte sich deutlich mit Beginn der 1990er-Jahre. Plötzlich war die tägliche Trinkmenge in aller Munde. Der Hype um die gesundheitsfördernde Wirkung von Wasser war Thema sämtlicher Gesundheitsmagazine. Man sprach von zwei bis drei Litern Wasser, die im Körper viel Gutes bewirken sollten. Es dauerte nicht lange, dann war man der festen Überzeugung, je mehr man trinke, desto gesünder lebe man.

Ist das überhaupt noch aktuell? Und kann man nicht auch bei Wasser sagen, dass zu viel des Guten schädlich ist? Die Antwort auf die zweite Frage lautet: Ja! Man hat inzwischen herausgefunden, dass man auch das Trinken von Wasser übertreiben und es in Ausnahmefällen sogar tödlich sein kann.

Die Deutsche Gesellschaft für Ernährung hält 1,5 Liter Wasser am Tag für eine ausreichende und gesunde Menge für einen erwachsenen Menschen. Denn man nimmt Flüssigkeit nicht nur über Getränke auf, sondern auch über Nahrungsmittel wie Obst und Gemüse. Nimmt man zu viel Flüssigkeit auf, stört das zum Beispiel das Gleichgewicht der Salze im Körper. Man verwässert sozusagen die Mineralien, die der Körper ebenso zum Leben benötigt wie die Flüssigkeit. Hat man zu viel getrunken, ist der Salzgehalt im Körper so weit verdünnt, dass man zum Beispiel Krämpfe bekommen kann, weil die Muskeln nicht mehr ausreichend mit Natrium versorgt werden. Dieser Salzmangel kann im schlimmsten Fall zu Bewusstlosigkeit und einem tödlichen Hirnödem führen. Vor allem Menschen, die Probleme mit den Atemwegen haben, sollten bei den Mengen, die sie trinken, vorsichtig sein. In diesen Fällen wird ein Hormon produziert, das den Körper veranlasst, mehr Flüssigkeit zu speichern. Trinkt man zu viel, schwächt man den Körper, indem man ihn überlastet.

Wie bei vielem ist wohl auch hier ein gesundes Mittelmaß eine gute Lösung.

Was würde passieren, wenn alle Menschen auf Fleisch verzichteten?

Diese Idee klingt in den Ohren von Tierschützern sehr interessant! Fleisch hat allerdings einen sehr hohen Nährwert und liefert viel Energie. Würde man diese Energie aus anderen Nahrungsmitteln gewinnen, wie zum Beispiel Getreide, bräuchte man riesige Mengen davon. Schon jetzt gibt es Probleme mit den immer größer werdenden Anbaugebieten für bestimmte Lebensmittel der Grundnahrung. Man denke an die Rodung von Waldgebieten für Ackerflächen. Jedoch wird sehr viel Platz davon auch für Weidewirtschaft verwendet. Außerdem benötigt Viehwirtschaft viel Wasser und Tiere "pupsen" Methan - beides ist schlecht für unser Ökosystem und eine Umstellung auf Obst und Gemüse wäre eine große Erleichterung. Dennoch beträfe die Umstellung auch die Weltwirtschaft und brächte einige Länder in Existenznot, wenn sie es nicht schnell genug schaffen, sich an die veränderten Bedürfnisse anzupassen – oder schlicht aufgrund ihrer besonderen Vegetation im Land keine Möglichkeit haben, vegetarische Lebensmittel anzubauen oder sie in größeren Mengen zu produzieren.

BIOLOGIE

Was passiert mit einer Ameise, wenn man sie von einem Hochhaus fallen lässt?

Normalerweise würde man davon ausgehen, dass eine Ameise, die aus großer Höhe fällt, dasselbe Schicksal ereilt wie einen Menschen in der gleichen Situation. Doch die winzigen Insekten sind uns in dieser Hinsicht weit überlegen. Denn eine Ameise, die von einem Hochhaus geworfen wird, würde den Sturz tatsächlich unbeschadet überleben.

Dafür gibt es drei Gründe:

1. Die Ameise ist sehr leicht (circa 3 Milligramm), das heißt, dass der Aufprall auf dem Boden lange nicht so hart ausfallen würde wie bei schwereren Lebewesen.

2. Die Luft drückt beim Fallen von unten gegen den kleinen Körper (Luftwiderstand). Die Ameise erreicht also, weil sie so wenig wiegt, keine allzu große Geschwindigkeit während des Falls, nur circa 6 Kilometer pro Stunde. Ein weiterer Grund, warum sie sanfter aufkommt.

3. Der Chitinpanzer, von dem die Ameise umgeben ist, ist erstaunlich widerstandsfähig. Er kann den Druck, der beim Aufprall auf der Ameise lastet, aushalten.

Das Zusammenspiel dieser drei Gründe verhilft der Ameise zu einer vergleichsweise ungefährlichen Landung ohne schwerwiegende Folgen.

Würde ein Huhn auch ein Entenei ausbrüten?

Ja, ein Huhn würde auch fremde Eier ausbrüten. Aber nur unter zwei Voraussetzungen: Das Huhn sollte selbst gerade ein Nest gebaut und Eier gelegt haben und der Tausch sollte so stattfinden, dass ihn das Huhn nicht bemerkt. Wenn man diese beiden Punkte beachtet, wird ein Huhn auch Enteneier ausbrüten und anschließend auch die Brut als eigene Küken ansehen.

Der Grund dafür ist ein angeborenes Verhalten der Tiere, das bereits Anfang des vergangenen Jahrhunderts von Konrad Lorenz entdeckt wurde. Die Küken, die aus den Eiern schlüpfen, halten das Lebewesen, das sie nach dem Schlüpfen als Erstes sehen, für ihre Mutter. Bei den Hennen ist der Drang, die Küken auf die Welt zu bringen und zu umsorgen, so stark, dass sie die Küken, die sie ausgebrütet haben, als ihre eigene Brut annehmen.

Der Kuckuck zum Beispiel nutzt dieses Verhalten, um die eigenen Küken bei fremden Vögeln durchzufüttern: Die Ammen-Vögel nehmen das fremde Ei des viel größeren Vogels an, brüten es aus und füttern das Küken sogar dann noch bedingungslos weiter, wenn es die anderen, »echten« Nachkömmlinge aus dem Nest wirft.

Verstehen Menschen die Sprache von Tieren?

Die Antwort lautet: Ja, in den meisten Fällen. Voraussetzung ist natürlich, dass es sich bei der Tierart um eine Rasse handelt, die auch miteinander »spricht«. Man kann es an den bekannten Tierflüsterern sehen, die durch langes Beobachten einer bestimmten Tierart verstanden haben, wie die Tiere sich untereinander verständigen. Weiß ein Mensch also über die Art der Verständigung einer Rasse Bescheid, kann er diese Sprache bis zu einem bestimmten Punkt nachahmen und so auf gewisse Weise mit den Tieren »reden«.

Können Tiere ihre Geschwister von anderen Artgenossen unterscheiden?

Wissenschaftler gehen davon aus, dass manche Arten sehr wohl zwischen Mitgliedern der Familie und fremden Tieren unterscheiden können. Der Grund dafür ist der Drang, die eigene Art zu erhalten. Ein Tier würde schließlich, wenn es im Machtkampf den Bruder tötet, einen Teil seiner eigenen Familie auslöschen. Bei einigen Tierarten, wie zum Beispiel bei den Löwen, halten die Geschwister sogar besonders stark zusammen und verteidigen die Familie vor Feinden.

Haben Schlangen einen Schwanz? Und wenn ja, wo fängt der eigentlich an?

Ja, Schlangen haben einen Schwanz, und der grenzt sich bei genauem Hinsehen deutlich vom restlichen Körper ab. Man erkennt ihn daran, dass er um einiges dünner ist als der Rest der Schlange. Das liegt daran, dass die Rippen, die sich durch den gesamten Körper ziehen, an der Stelle, wo der Schwanz beginnt, so klein werden, dass sie kaum noch zu erkennen sind. Im Schwanz selbst befinden sich, wie bei allen anderen Tieren auch, keine Organe mehr. Die Schlange endet also mit dem »Po«, der noch vor dem Schwanz liegt. Anders ist das zum Beispiel bei Regenwürmern. Sie besitzen keinen Schwanz, ihr Po liegt an der letzten Stelle des Körpers.

Ist ein Virus ein lebender Organismus?

Ein Virus braucht immer einen Wirt, um zu überleben. Viren sind somit Lebensformen, die zwar Ähnlichkeiten mit »echtem« Leben haben, aber selbst kein lebender Organismus sind. Wichtige Eigenschaften, die ein Organismus haben muss, um als lebend bezeichnet zu werden, sind:

- die Fähigkeit, sich fortzupflanzen,
- das Reagieren auf äußere Reize,
- die Gabe, sich entwickeln und wachsen zu können,
- aus Zellen zu bestehen.

Viren leben zwar, aber nicht ohne fremde Hilfe. Sie erfüllen nicht alle dieser Eigenschaften und sind daher kein lebender Organismus.

Ist es wahr, dass die Arme eines Tintenfischs unabhängige Lebewesen sind?

Man kann die Arme eines Tintenfischs zwar nicht direkt als Lebewesen bezeichnen, aber es ist wahr, dass sie auf gewisse Weise eigenständig sind. Denn zwei Drittel der insgesamt circa fünf Millionen Neuronen (das sind Nervenzellen), über die das Tier verfügt, befinden sich in seinen Armen. Diese sind also wie viele kleine Gehirne, die durchaus imstande sind, unabhängig voneinander zu handeln. Das geht sogar so weit, dass der Tintenfisch selbst etwas völlig anderes tut als einer oder mehrere seiner Arme. Stell dir vor, du backst einen Kuchen, während dein linker Arm eine E-Mail tippt.

Das Gehirn ist sozusagen auch in den Tentakeln verteilt, was dem Tier nicht nur seine Cleverness, sondern auch lebenswichtiges Handeln ermöglicht.

Im Notfall kann sich ein Tintenfisch sogar selbst einen Arm abtrennen – ihm wächst dann nach kurzer Zeit ein neuer nach. Der abgetrennte Tentakel kann außerdem noch einige Zeit auf Reize reagieren, obwohl er nicht mehr mit dem Körper verbunden ist.

Schlafen Insekten? Wenn ja, woran erkannt man das?

Insekten haben andere Augen als wir Menschen, nämlich sogenannte Facettenaugen. Diese Augen haben keine Lider, die im Schlaf geschlossen sind, und so ist es nicht einfach zu erkennen, ob und wann die Tiere schlafen. Inzwischen aber haben Forscher herausgefunden, dass Insekten sehr wohl schlafen. Die kleinen Tierchen haben, je nach Art, bestimmte Schlaf- und Wachrhythmen, die für sie überlebenswichtig sind. Bei der Beobachtung von Bienen hat man zum Beispiel herausgefunden, dass sich ihre Arbeit deutlich verschlechtert, wenn ihnen die Ruhephase fehlt oder diese verkürzt wird.

Wann Insekten schlafen, kann man an ihrem Verhalten erkennen: Sie sitzen dann vollkommen unbeweglich an einer Stelle und lassen zum Teil sogar Fühler und Füßchen hängen. In dieser Phase sind ihre Reaktionen wesentlich langsamer, als wenn sie wach sind. Der Körper wird sozusagen heruntergefahren. Drohende Gefahren nehmen sie dann hauptsächlich in Form von Erschütterungen wahr. Daher ist dieser Ruhezustand für sie nicht ganz ungefährlich.

Können sich Ameisen verirren?

Ja, Ameisen können sich tatsächlich verirren. Die geschäftigen Tierchen haben allerdings einige Tricks auf Lager, um sich vor dieser Gefahr zu schützen: Mithilfe von Pheromonen (Botenstoffen), die ihr Körper ausschüttet, wird eine Art »duftender« Pfad erstellt. Die Angehörigen einer Kolonie müssen nun immer nur ihren »Duftmarken« folgen, um wieder heil in ihrem Bau anzukommen. Einige Arten orientieren sich auch an der Umgebung. Sie merken sich bestimmte Dinge und legen auf diese Weise eine Art Landkarte an. Da auch Ameisen inzwischen immer seltener völlig ungestört ihrer Beschäftigung nachgehen können, kommt es immer wieder vor, dass entweder der Duftpfad oder die Umgebung zerstört beziehungsweise verändert werden. Dann haben die Tiere keine »Landkarte« mehr und können sich verirren.

Eine Ameise, die nicht mehr zu ihrer Kolonie findet, hat es schwer, allein zu überleben. Selbst wenn sie nicht von größeren Tieren gefressen würde, könnte sie ohne die Ruhezeiten im Ameisenbau nicht lange überleben. Denn dort tankt sie nicht nur Kraft, sondern auch genügend Flüssigkeit, um nicht auszutrocknen. Und spätestens in der Nacht würde die Ameise ohne die Wärme des schützenden Baus erfrieren.

Zum Glück werden Ameisen, die sich verirrt haben, auch von anderen Stämmen adoptiert und aufgenommen. Beobachtungen haben gezeigt, dass es immer wieder vorkommt, dass einzelne Tiere ihre Heimat wechseln, ohne von den fremden Tieren im neuen Bau getötet zu werden.

Wie wurden aus wilden Wölfen zahme Hunde?

Der Hund ist heute ein beliebtes Haustier des Menschen. Und er wird häufig auch als Helfer des Menschen eingesetzt – so gibt es zum Beispiel Blindenhunde, Polizeihunde, Lawinensuchhunde oder Hütehunde. Ursprünglich jedoch stammt der Hund vom Wolf ab. Dieser hat sich als einziges wildes Tier freiwillig mit den Menschen verbündet. Mensch als auch Tier wurde wohl klar, dass ein Zusammenschluss für beide Arten gewinnbringend sein könnte: So folgten die Menschen den Tieren auf deren Fährten und erlegten die Beute, und alles, was übrig blieb, durften die Wölfe fressen.

Außerdem nimmt man an, dass Wölfe sich besonders schnell an neue Gegebenheiten anpassen können. Das wird offensichtlich, wenn man sie zum Beispiel mit Katzen vergleicht. Die Katze hat zwar ebenso verschiedene Rassen entwickelt, diese unterscheiden sich aber hauptsächlich in Größe und Fellfarbe. Hunde hingegen haben für jede Region und jeden Nutzen vollkommen unterschiedliche Rassen ausgebildet; diese wären mitunter nicht in der Lage, im Lebensraum der jeweils anderen zu überleben. Das bewusste Eingreifen des Menschen durch entsprechende Züchtungen hat darauf einen wichtigen Einfluss.

Nicht zuletzt spielte bei der Zähmung, aber auch das soziale Verhalten der Wölfe/Hunde eine wichtige Rolle. Wären die Tiere keine Rudeltiere und somit darauf »programmiert«, mit anderen zusammenzuleben, hätte der Zusammenschluss zwischen Mensch und Tier so nicht stattfinden können.

Was würde passieren, wenn Tiere keine Jagd mehr aufeinander machten?

Viele Tiere ernähren sich, indem sie Jagd auf andere Tiere machen. Das ist aus menschlicher Sicht eine eher brutale Einrichtung der Natur; es wäre so viel schöner, wenn alle Tiere friedlich miteinander leben könnten.

In der Realität ist das jedoch nicht ganz so einfach. Bis vor Kurzem war zum Beispiel der Wolf, der ja ein bedeutendes Raubtier ist, in Deutschland fast ausgestorben. Stirbt ein Raubtier aus, hinterlässt es eine weitaus größere Lücke in der Natur, als wir für gewöhnlich annehmen. Raubtiere sind ein wichtiges Glied in der Kette eines intakten Ökosystems. Das heißt, sie tragen ihren Teil dazu bei, die Natur gesund zu erhalten. Denn sie sind zum Beispiel dafür verantwortlich, schwache Tiere auszusondern, sodass am Ende die schnellsten und gesündesten Exemplare einer Art überleben. Das ist für jede Art wichtig, denn nur dann bringen sie wiederum starke Nachkommen zur Welt und erhalten ihre Art (das hat bereits Charles Darwin herausgefunden). Das Aussterben eines bestimmten Raubtieres hat gleichzeitig eine Überpopulation (also zu viele einzelne Tiere) seiner Beute zur Folge, da diese nun von niemandem mehr gejagt wird. Im Falle des Wolfes nahm zum Beispiel die Anzahl der pflanzenfressenden Tiere derart zu, dass dadurch die Vegetation (also alle Pflanzen) betroffen war. Sie wurde viel zu stark abgefressen und konnte nicht schnell genug nachwachsen. Der Mensch musste daher eingreifen und die Aufgabe der Wölfe übernehmen.

Das ist natürlich nur eines von vielen Beispielen. In der Natur sind die meisten, wenn nicht alle Vorgänge aufeinander abgestimmt, sodass es oft weitreichende Folgen hat, wenn auch nur Kleinigkeiten geändert werden. So sind auch Raubtiere ein wesentlicher Teil der natürlichen Balance und sollten demensprechend geschützt werden.

Warum werden Jungtiere manchmal von ihren Müttern abgelehnt oder sogar getötet?

Studien haben gezeigt, dass Muttertiere ihre Nachkommen häufig dann ablehnen oder sogar umbringen, wenn zur Zeit der Geburt ein Mangel an Ressourcen (wie Nahrung oder Wasser) herrscht. Um die bereits existierende Gruppe nicht zu gefährden, wird das Neugeborene verstoßen oder getötet. Denn jedes weitere Mitglied wäre in Zeiten des Mangels durch seinen Bedarf an Fressen oder Wasser im Ernstfall eine Bedrohung für die anderen.

Aber warum passiert das auch bei Tieren in Gefangenschaft? Denn hier ist – wie zum Beispiel im Zoo – immer genug Nahrung vorhanden.

Es gibt zwei weitere Gründe, die eine Rolle spielen können. Eine Theorie nimmt an, dass die Mütter einen bestimmten Geruch an ihren Babys wahrnehmen, der ihnen signalisiert, dass mit den Kleinen etwas nicht stimmt. Die Mutter spürt instinktiv, dass der Nachwuchs auf Dauer nicht selbstständig lebensfähig wäre, deshalb überlässt sie ihn seinem Schicksal.

Darüber hinaus ist nachgewiesen, dass eine Schwangerschaft, egal bei welcher Art, eine hormonelle Veränderung mit sich bringt. Während der Schwangerschaft wird verstärkt das Hormon Oxytocin produziert. Es bewirkt eine Zuwendung zum Nachwuchs und ist maßgeblich an der Bindung, die zwischen Mutter und Kind entsteht, beteiligt. Liegt eine Störung der Bildung dieses Hormons vor, kann es sein, dass die Mutter-Kind-Bindung nicht aufgebaut werden kann. In diesem Fall hat die Mutter kein instinktives Interesse daran, sich um ihren Nachwuchs zu kümmern. Sie wird ihr Junges verstoßen.

Manche höher entwickelte Arten, wie zum Beispiel Elefanten, haben daher ein Notfallsystem entwickelt: Bei der Geburt kümmern sich bestimmte, von der Gruppe ausgewählte Tiere um die Gebärende und ihr Junges. Ist es das erste Baby für eine Mutter, kommt es sogar vor, dass die Gruppe den Nachwuchs gleich nach der Geburt zu sich nimmt, um der Mutter eine Zeit der Erholung zu gönnen. Danach zeigen sie ihr, wie sie mit ihrem Baby umgehen soll. Dank dieser tierischen Hebammen haben die Babys einen guten Start in ihr Leben.

Gibt es auf der Erde unsterbliches Leben?

Interessanterweise ja! Eigentlich haben wir gelernt, dass alles Leben endlich ist. Aber das ist nicht ganz richtig, die Natur hat nämlich im Laufe der Zeit ein paar Lebewesen hervorgebracht, die man durchaus als unsterblich bezeichnen kann:

1. Das Bärtierchen: Es ist nur circa 1 Millimeter groß und lebt vorwiegend in den Meeren, in Süßgewässern wie Teichen und in feuchten Gebieten an Land – zum Beispiel im Moos. Diese winzigen Tierchen können sich in schlechten Zeiten tot stellen. Das heißt, dass sie ihren Körper und seine Funktionen so weit herunterfahren, dass er wie eingefroren ist. Kommen bessere Zeiten, wachen sie aus ihrer Starre auf und fangen einfach wieder da an, wo sie aufgehört haben. Mit diesem Trick haben die Bärtierchen schon in Räumen ohne Sauerstoff, bei unvorstellbarer Hitze oder Temperaturen weit unter dem Gefrierpunkt überlebt.

2. Das Gleiche gilt für einen der Lebensräume der Bärtierchen, das Moos. Auch diese Pflanzen können sich in eine Starre versetzen und so schwere Zeiten überstehen.

3. Die wahre »Unsterbliche« ist aber eine Quallenart mit dem komplizierten lateinischen Namen *Turritopsis dohrnii*. Sie schafft das, wovon der Mensch schon immer geträumt hat: Sie stirbt nie. Wird die Qualle so alt, dass ein natürlicher Tod bevorsteht, lässt sie sich auf den Meeresgrund sinken und beginnt dort mit einer einzigartigen Verwandlung. Der alte Körper wird gegen einen jungen getauscht, indem die Qualle alle alten Zellen gegen neue, junge austauscht. Wenn sie wieder nach oben steigt, handelt es sich nicht mehr um eine alte, sondern um eine neue und junge Qualle!

Was ist Evolution?

Man hört es immer wieder: Die Evolution hat dieses und jenes im Laufe der Zeit hervorgebracht. Meistens handelt es sich dabei um Fähigkeiten einzelner Lebewesen oder Arten, die einen wirklich zum Staunen bringen. Es handelt sich dabei um ganz besondere Anpassungen an die natürliche Umgebung, die den Arten das Leben retten oder erleichtern und wirklich genial sein können.

Aber wie funktioniert Evolution? Werden neue Dinge erlernt? Oder ist es Zufall, dass sich etwas entwickelt, was noch besser an die herrschenden Verhältnisse angepasst ist?

Im Grunde genommen ist der Vorgang der Evolution ganz einfach – zumindest in der Theorie: Jede Lebensart bringt immer wieder zufällige Mutationen (Veränderungen) hervor. Das passiert einfach so – eine Laune der Natur sozusagen. Nehmen wir zum Beispiel Tierarten, die aufgrund ihrer Tarnung so perfekt an ihre Umwelt angepasst sind, dass sie tatsächlich kaum zu erkennen sind. Kommt eines dieser Tiere mit einer Veränderung zur Welt, durch die es noch besser getarnt ist als die anderen, wird es bessere Überlebenschancen haben. Je besser diese Chancen sind, desto länger lebt es und umso mehr Nachkommen kann es hervorbringen. Diese Nachkommen verfügen dann sehr häufig über dieselbe Veränderung. Und irgendwann gibt es immer mehr Tiere mit dieser lebensverlängernden Veränderung als Tiere ohne. Die Evolution ist also ein kontinuierlicher, lange andauernder Prozess, der die Eigenschaften bestimmter bestehender Arten verbessert; andere Arten, die diese Veränderungen nicht haben, haben weniger Chancen zu überleben und sterben so zumeist aus. Eine Art natürliches Update.

Warum hängen Fledermäuse über Kopf, wenn sie schlafen?

Wenn Fledermäuse schlafen, hängen sie kopfüber an den Decken von Höhlen oder an Ästen. Für uns scheint diese Art zu schlafen eher unbequem – doch was steckt hinter diesem merkwürdigen Verhalten?

Es ist wie immer: Die Natur hat sich durchaus etwas dabei gedacht, wenn sich die kleinen Tierchen kopfüber schlafen »legen«. Einerseits bewahrt die hängende Position die Fledermäuse vor Fressfeinden. Es ist nämlich auch für geschickte Jäger mehr als schwierig, eine hängende Fledermaus zu fangen. Lange bevor der Räuber zuschlagen kann, bemerkt ihn das kleine Flugtier und verschwindet. Andererseits bietet sich der Körperbau für diese sichere Art, Ruhe zu finden, durchaus an. Die Füßchen der Fledermaus verfügen über starke Zehen mit scharfen Krallen. Deshalb ist es für sie gar nicht anstrengend, wenn sie sich »falsch herum« schlafen legt.

Sind Fledermäuse soziale Tiere oder Einzelgänger?

Obwohl es manchmal ziemlich chaotisch anmutet, wenn Fledermäuse ihre Schlafplätze verlassen, um auf die Jagd zu gehen, täuscht dieser Eindruck. Die Tiere leben meist in Verbünden von circa 7–13 Gruppenmitgliedern. Innerhalb dieser Gruppen gibt es immer einen Anführer. Dieser Anführer ist männlich und die anderen Tiere folgen ihm meistens. Doch es besteht ein Unterschied zu anderen Arten, die sich in Gruppen um einen Anführer scharen. Denn normalerweise ist dieser Anführer dominant. Er ist der Chef innerhalb des Verbundes und setzt seinen »Willen« mittels seiner Stärke durch.

Bei Fledermäusen ist das ganz anders: Es gibt einen Anführer, aber er erzwingt seine Position nicht. Im Grunde ist er eher Aufpasser der Gruppe – die anderen können ihm folgen, müssen es aber nicht.

Die jeweiligen Gruppen pflegen zusätzlich Beziehungen zu anderen Gruppen. Man kann das gut mit der Verwandtschaft bei uns Menschen vergleichen. Elternpaare freunden sich mit anderen Eltern an oder entfernte Verwandte bleiben miteinander in Kontakt, meistens ein Leben lang. Die jüngeren männlichen Tiere erhalten dabei oft untergeordnete »Aufpasser-Aufgaben«. Fledermäuse verfügen also durchaus über soziales Verhalten; was für uns aussieht wie heilloses Chaos, hat eine durchdachte Struktur.

Die kleinen Tierchen haben noch mehr zu bieten, wenn es um Sozialverhalten geht: Sie kümmern sich auf ganz besondere Weise um ihre Gruppenmitglieder. Es kommt nämlich öfter vor, dass eine Fledermaus auf ihrem nächtlichen Streifzug leer ausgeht. Wenn das passiert, sind es die Weibchen, die dafür sorgen, dass niemand hungrig ins Bett muss. Sie erbrechen einen Teil ihrer Beute (in dem Fall Blut) und füttern die hungrigen Tiere. Auf diese Weise werden auch Mitglieder der »Verwandtschaft« versorgt, obwohl sie nicht Teil der eigenen Gruppe sind.

Warum sind eigentlich alle Blätter grün?

Die meisten Pflanzen dieser Erde haben grüne Blätter. Das ist so, weil sie einen grünen Farbstoff enthalten, das sogenannte Chlorophyll. Doch warum eigentlich?

Es ist so: Pflanzen benötigen das Blattgrün für einen chemischen Vorgang, den alle Pflanzen der Welt tagtäglich betreiben. Denn mithilfe des Blattgrüns können die Pflanzen das Sonnenlicht, das sie benötigen, »einfangen« und die sogenannte Photosynthese betreiben. Photosynthese wandelt mithilfe von Licht den Stoff Kohlendioxid, der in Luft und Wasser vorkommt, in Sauerstoff um. Da wir Menschen Sauerstoff zum Leben brauchen, geben uns die Pflanzen mit ihrem Chlorophyll in den Blättern also Luft zum Atmen. Auf diese Weise kann ein ausgewachsener Baum pro Stunde beinahe 2 Kilogramm Sauerstoff produzieren. Damit können ungefähr 50 Menschen etwa eine Stunde lang überleben. Man kann also durchaus behaupten, dass die Produktion von Sauerstoff mithilfe des Blattgrüns einer der wichtigsten chemischen Vorgänge auf unserem Planten ist.

Doch warum ausgerechnet grün? Hier kommt die Physik ins Spiel. Grün ist nämlich die Komplementärfarbe (also die genau entgegengesetzte Farbe) zu Rot. Chlorophyll nimmt das rote Licht der Sonnenstrahlen, also das warme UV-Licht, auf und strahlt grünes Licht ab. Die Pflanze nimmt sich also die Energie aus dem roten Licht zum »Arbeiten«. Das grüne Licht bleibt übrig und wird abgestrahlt. Genau das nehmen unsere Augen dann wahr: Die Blätter erscheinen für das menschliche Auge grün. Im Herbst wird das Blattgrün dann von einigen Pflanzen abtransportiert und eingelagert. Das führt zu den typischen rotgelben Verfärbungen und zum Verwelken der Blätter. Im Frühjahr wird der Vorgang dann wieder umgekehrt und das Chlorophyll zurück in die Blätter »gepumpt«. Die Bäume werden wieder grün.

Warum sind die Meere salzig?

Dafür, dass das Wasser in unseren Meeren so salzhaltig ist, gibt es zwei Gründe:

1. Flüsse,
2. Gesteine und Vulkane auf dem Meeresgrund.

Flüsse tragen das Wasser in die Meere. Doch bevor es dort ankommt, hat es eine lange Reise hinter sich. Wenn Regenwasser auf die Erde trifft und im Boden versickert, löst es Salze aus Gestein und Sand. Diese Salze werden mitgeschwemmt und landen letztendlich, so wie das Regenwasser selbst, in den Flüssen. Auch auf dem langen Weg zum Meer werden in den Flüssen Mineralien und Salze gelöst, sodass am Ende eine relativ große Menge davon im Meer landet. Nimmt man alle Flüsse, die in die Meere fließen, zusammen, werden so einige Tonnen Salz transportiert. Trotzdem merkt jeder, der schon einmal (wahrscheinlich eher unfreiwillig) einen Schluck Flusswasser und einen Schluck Meerwasser getestet hat, dass beides völlig verschieden schmeckt. Warum ist Flusswasser im Vergleich zu Meerwasser beinahe süß? Und woher kommt dann das viele Salz in den Meeren? Hier kommt der zweite Grund: der Meeresgrund. Denn das in Flüssen enthaltene Salz ist so verdünnt, dass es zwar gemessen, nicht aber geschmeckt werden kann.

Auf dem Meeresgrund hingegen befinden sich Gesteine, aus denen ebenfalls Salze gelöst werden. Und es gibt dort auch Unterwasservulkane. Diese Vulkane brechen immer wieder aus und flüssige Lava (also heiße Gesteinsmasse) tritt aus. Auch bei diesem Vorgang gelangen Salze ins Meerwasser.

Im Meer kommen also mitgeschwemmte Salze aus den Flüssen an, während gleichzeitig Salze aus dem Meeresgrund »gewaschen« werden. Das Ganze passiert schon seit einigen Milliarden Jahren, wodurch sich ein ganz beträchtlicher Salzanteil in den Meeren angesammelt hat. Interessant ist, dass auch hier die natürliche Balance von größter Wichtigkeit ist. Denn wenn sich zu viel Salz im Wasser befände, wäre dies das Todesurteil für die dort lebenden Tiere.

So entstand zum Beispiel der Begriff: das Tote Meer. Denn zwischen Jordanien und Israel befindet sich im sogenannten »Toten Meer« derart viel Salz im Wasser, dass keine Fische überleben können. Für den Menschen jedoch hat es eine besondere Wirkung: Jedes Jahr reisen Tausende Leidgeprüfte mit verschiedenen Hautkrankheiten ans Tote Meer, weil das salzige Wasser eine heilende und wohltuende Wirkung hat.

Warum verheddern sich Spinnen nicht in ihren Netzen?

Wenn man genau hinsieht, stellt man fest, dass eine Spinne, was Gewicht und Körperbau betrifft, sich gar nicht so sehr von ihren Beutetieren unterscheidet. Warum bleiben Spinnen dann nicht in ihren eigenen Fallen, den Netzen, hängen?

Die Natur hat sich etwas Besonderes einfallen lassen, damit Spinnen nicht selbst Opfer ihrer Netzbauwerke werden – es hat physikalische und chemische Ursachen.

Physik hilft den emsigen Tierchen, über ihre Netze »zu tanzen« statt zu gehen. Sie setzen ihre »Füße« nie ganz auf das Netz auf, sondern tänzeln quasi auf Zehenspitzen darüber. Das heißt, sie berühren das Netz immer nur an einem kleinen Punkt, nie auf einer größeren Fläche. So bleiben sie nicht kleben. Außerdem sind Spinnenfüße mit vielen kleinen Härchen überzogen, dadurch wird der Kontakt zwischen Füßen und klebrigem Faden ständig unterbrochen. Und Spinnen haben einen weiteren Trick auf Lager: Die Härchen an den Spinnenfüßen sind mit einer chemischen Lösung überzogen, die wie ein Antiklebefilm wirkt. Forscher haben herausgefunden, dass Spinnen ohne diese Lösung viel stärker an den Fäden hängen bleiben.

Diese besonderen Eigenschaften ermöglichen es den Tieren, ganz leichtfüßig und ohne haften zu bleiben über ihre Netze zu ihren Opfern zu laufen.

Was ist der Unterschied zwischen Bakterien und Viren?

Wenn man mit einer vermeintlichen Grippe zum Arzt geht, bekommt man einmal ein Antibiotikum verschrieben, ein anderes Mal nicht. Den Unterschied machen hier die Bakterien beziehungsweise Viren. Sind Bakterien schuld an der Erkrankung, können Antibiotika diese abtöten, bei Viren sind Antibiotika nicht das Mittel der Wahl. Aber was ist der Unterschied zwischen diesen Erregern, die einen Menschen so krank machen können?

Viren sind bis zu hundert Mal kleiner als Bakterien und brauchen immer einen Wirt, also einen artfremden Organismus, um zu überleben. Daher nisten sie sich in anderen Zellen ein, manchmal sogar in Bakterien. Bakterien sind im Vergleich nicht nur größer, sondern auch allein lebensfähig. Sie können sich selbst vermehren und brauchen keinen Wirt, um zu überleben.

Viren docken sozusagen an einer anderen Zelle an und zwingen diese dazu, das zu tun, was in dem Erbmaterial des Virus festgeschrieben ist. Im Grunde sind Viren nichts weiter als Hüllen, in denen eine bestimmte Erbbotschaft enthalten ist. Ihre einzige Fähigkeit besteht darin, diese Botschaft in fremde Zellen zu schleusen. Während der Zeit, in der sie keinen Wirt haben, sind Viren quasi tot. Man könnte auch sagen, sie sind »ausgeschaltet«, denn in ihrem Inneren passiert zu diesem Zeitpunkt gar nichts. Erst wenn sie auf andere Zellen treffen, löst sich ihre Zellhaut an einer Stelle auf, damit ihre Erbbotschaft in die andere Zelle abgegeben werden kann. Diese »befallene« Zelle übernimmt dann die »Arbeit«, die sie von dem Virus aufgetragen bekommen hat.

Bakterien sind hingegen richtige Kleinstlebewesen, die sich selbst ernähren und vermehren. Im Gegensatz zu den schädlichen Viren gibt es für uns nützliche Bakterien, die der Körper für bestimmte Funktionen braucht, zum Beispiel die Verdauung. Man erkennt Bakterien daran, dass sie alles, was ein Einzeller zum Leben braucht, vorweisen können.

Krank machen können allerdings beide. Krankheiten, die durch Bakterien entstanden sind, kann man mit Antibiotika meistens heilen. Bei Infektionen durch Viren heißt es leider oft: Augen zu und durch!

Können Elefanten mit den Füßen hören?

Wenn man die riesigen Dickhäuter durch die Savannen ziehen sieht, geht man davon aus, dass sie mit ihren großen Ohren ziemlich gut hören können. In Wirklichkeit sieht die Sache etwas anders aus. Ihre Ohren nutzen die Tiere nämlich hauptsächlich beim Schwitzen und nicht zum Hören. Sie fächeln sich mit den großen Segelohren kühlere Luft zu. Zum Hören eignen sich die Elefantenohren hingegen nicht sonderlich gut. Es dauerte allerdings einige Zeit, bis die Forscher herausfanden, wie die Tiere es trotz ihres schlechten Gehörs schaffen, sich über weite Strecken hinweg gegenseitig vor Gefahren zu warnen. Das Ergebnis war erstaunlich: Elefanten hören über ihre Füße. Man fand heraus, dass sie niederfrequente, also extrem tiefe Töne, die für uns nicht hörbar sind, erzeugen können. Diese Töne verbreiten sich kilometerweit über den Boden. Außerdem sind die Füße der Dickhäuter wesentlich empfindlicher, als man bei ihrem Anblick vielleicht vermuten möchte. Wenn Tiere einer Herde also Alarmtöne ausstoßen, können diese auch von anderen Elefanten an weit entfernten Orten über die Füße »gehört« werden. Die Reaktion erfolgt dann prompt: Alle Mitglieder der Herde versammeln sich und bilden einen Kreis, die kleinsten Elefanten in der Mitte. So wird eine Art Schutzwall gebildet, um Angriffe von Raubtieren abzuwehren. Reicht dieser nicht aus, fliehen die Elefanten. Elefanten sollen bei Naturkatastrophen oft lange vor anderen Lebewesen die Flucht ergriffen haben, weil sie zum Beispiel Schallwellen von nahenden Tsunamis (das sind riesige Wellen, die an Land strömen) im Voraus über den Boden »gehört« haben.

Innerhalb der verschiedenen Elefanten-Clans scheint es auch eigene Sprachen zu geben. Elefanten aus weit voneinander entfernten Gebieten haben bei Versuchen weniger stark auf die Warnrufe der anderen reagiert, als Elefanten einer Gruppe, die einander näher waren.

Warum fallen Vögel beim Schlafen nicht vom Ast?

Bei Menschen ist das ganz einfach – ist das Bett zu klein und der Traum zu heftig, kann es passieren, dass man durch eine unsanfte Landung auf dem Boden aufwacht. Bei Vögeln allerdings wäre das ein größeres Problem. Würden sie im Schlaf »aus dem Bett fallen«, würde das einen tiefen Sturz aus luftiger Höhe bedeuten. Nachdem man aber eher selten Vögel sieht, die im Schlaf vom Ast purzeln, muss es dafür wohl eine Erklärung geben:

Der Körper eines Vogels ist so gebaut, dass sich die Krallen unter dem Druck des Körpers von selbst zusammenziehen. Sobald sich ein Vogel auf einem Ast niederlässt, schließen sich seine Krallen automatisch wie kleine Schraubzwingen um das Holz. Der Mechanismus ist sogar so sicher, dass der Vogel die Krallen nur lösen kann, indem er mit den Flügeln schlägt beziehungsweise sein Gewicht verlagert.

So weit, so gut, doch warum kippen die Tiere dann nicht nach vorne oder hinten, sobald sie der Schlaf übermannt? Auch für dieses Problem hat sich die Natur etwas einfallen lassen. Vögel haben nicht nur ein Gleichgewichtsorgan im Ohr wie der Mensch, sondern ein zweites im Beckenbereich. Dort befinden sich bei Vögeln kleine »Tanks« mit Flüssigkeit, die ähnlich wie eine Wasserwaage funktionieren. Kippt der Vogel im Schlaf auf eine Seite, schwappt auch die Flüssigkeit im Beckenbereich mit. Diese Veränderung wird dem Nervensystem als Reiz mitgeteilt. Das Nervensystem ist wiederum mit den Muskeln verknüpft und kann so eine Korrektur veranlassen. Das heißt, der Vogel gleicht unterbewusst (ohne es zu merken) das Ungleichgewicht wieder aus.

Anscheinend aber verfügen die kleinen Tiere noch über ein drittes Sicherheitssystem. Forscher gehen davon aus, dass Vögel über bestimmte Schlafarten verfügen, die zum Teil denen des Menschen gleichen, zum Teil aber ganz anders funktionieren. Deshalb gibt es Vogelarten, wie zum Beispiel Zugvögel, die sogar im Flug schlafen können. Man konnte nachweisen, dass die Tiere ihre Gehirnhälften während des Schlafens abwechselnd abschalten können. Das heißt, dass eine Gehirnhälfte schläft, während die andere wach ist. Auf diese Weise kann sich der eine Teil des Vogelhirns im Schlaf erholen und der andere ist wach und kann »normal« reagieren.

Können Mücken von Regentropfen erschlagen werden?

Wenn es regnet, spannen wir einfach einen Schirm auf. Doch was machen eigentlich kleine Insekten? Mücken zum Beispiel. Müssten sie nicht von den für sie riesigen Regentropfen erschlagen werden?

Mücken leben bevorzugt in feuchten Gebieten, dennoch ist Regen für das winzige Insekt eine echte Überlebensfrage. Denn wenn eine Mücke von einem Tropfen getroffen wird, ist das für sie ein Schlag, der es in sich hat. Genauer gesagt: Wird eine Mücke von einem Tropfen getroffen, ist das so, als würde ein Mensch von einem Bus gerammt. Das Insekt wird von einem Gewicht getroffen, das ungefähr 50 Mal so schwer ist wie das Tier selbst. Ein Mensch würde diesen Aufprall mit Sicherheit nicht überleben. Doch die winzigen Kerle sind uns in diesem Punkt weit voraus! Ihr Geheimnis ist ihr Gewicht, zusammen mit ihrem extrem widerstandsfähigen Chitinpanzer. Eine Mücke ist so leicht, dass der Regentropfen beim Aufprall kaum erschüttert wird. Daher gibt er kaum etwas von seiner (Bewegungs-)Kraft an die Mücke ab. Man könnte auch sagen, der Tropfen wird durch das Leichtgewicht nur gestreift. Für die Mücke sind die Auswirkungen dieses »Vorbeischrammens« erheblich. Bei dem Zusammenstoß wird das Tier ein ganzes Stück nach unten gerissen. Die Kräfte, die dabei auf das Insekt wirken, sind circa 100-mal so groß, als wenn ein Astronaut ins Weltall geschossen wird. Gefährlich für die Mücke wird es aber nur dann, wenn sie sich sehr nah am Boden befindet, nicht schnell genug entkommen kann und nach unten gerissen wird. In dem Fall kann es tatsächlich sein, dass dieses hartgesottene Tierchen sein Leben lassen muss. Ansonsten aber fliegt die Mücke trotz des unfreiwilligen Sturzes weiter und lässt die Regentropfen einfach seitlich abperlen.

Warum ist das Bienensterben ein Problem, das jeden betrifft?

Bienen sind fleißig und versorgen uns mit Honig – das ist so weit klar. Aber warum ist es problematisch, wenn Bienen sterben? Weil wir dann keinen Honig mehr haben?

Das wäre zwar schade, aber wohl verkraftbar. Doch Bienen haben neben der Herstellung des gesunden Honigs eine Vielzahl weitere für uns wichtige Aufgaben: Sie tragen Blütenstaub von einer Blüte zur nächsten, bestäuben so die Pflanzen und sorgen dafür, dass sie Früchte tragen und so wiederum neu entstehen können. Nur so haben wir genügend Pflanzen, die uns satt machen, die Tiere um uns herum ernähren und dafür sorgen, dass wir saubere Luft zum Atmen haben. Würden Bienen aussterben, hätte das nicht nur für uns fatale Folgen.

Verschiedene Bienenvölker haben sich auf bestimmte Pflanzenarten »spezialisiert«. Das heißt, dass bestimmte Bienen ganz gezielt bestimmte Pflanzen bestäuben. Stirbt nun eine dieser Bienenarten aus, sterben auch die Pflanzen, um die sie sich kümmern. Das hätte wiederum negative Auswirkungen auf die Umwelt. Und es wäre schade, wenn wir jeden Tag Reis essen müssten, weil es keine Nudeln aus Weizen oder Pommes aus Kartoffeln mehr gäbe.

Doch warum sollten die Bienen überhaupt aussterben? Leider sind – wie so häufig – wir Menschen schuld, dass es schon heute immer weniger Bienen gibt. Mehrere Ursachen, die vom Menschen ausgehen, setzen den Bienen sehr zu. Die drei wichtigsten sind:

1. Monokulturen: Das sind große landwirtschaftliche Flächen, die ausschließlich mit einer einzigen Pflanzenart bewirtschaftet werden. Das ist für unsere Ernte gut, für Bienen aber sehr gefährlich. Denn im Grunde ist der gesammelte Nektar ja für den Nachwuchs der emsigen Tiere gedacht und nicht für unseren Honig. Die gerade geschlüpften Bienen brauchen aber eine Mischung vieler verschiedener Pollen, um ein starkes Immunsystem zu entwickeln. Steht den Bienen nur eine Sorte Pollen zur Verfügung, werden sie schneller krank.

2. Unsere Städte: In großen Städten finden Bienen einfach zu wenig Nahrung. Es gibt dort nicht genügend Blüten, damit die Bienen überleben können.

3. Pestizide: Das sind Gifte, mit denen in der Landwirtschaft Schädlinge bekämpft werden. Allerdings trifft der Einsatz der giftigen Chemikalien auch die Bienen.

Zum Glück wissen viele Menschen, welche Auswirkungen das Bienensterben hat, und versuchen, etwas dagegen zu unternehmen. Denn eines ist klar: Das Sterben der Bienen betrifft uns alle.

Wie wechselt ein Chamäleon seine Farbe?

Die Fähigkeit eines Chamäleons, seine Farbe zu wechseln, hat schon viele Menschen erstaunt und Forscher lange Zeit vor ein Rätsel gestellt. Wie machen die kleinen Echsen das nur?

Das »Warum« war hingegen schon früher klar: Der Farbwechselt dient den Tieren zur Tarnung, wenn sie auf Jagd gehen oder sich vor Fressfeinden schützen möchten. Außerdem erobern die Tiere mit dem Farbenspiel potenzielle Partner. Aber auch im Kampf um ein angebetetes Weibchen ziehen die männlichen Rivalen alle Register des Farbwechsels, um den Gegner zu beeindrucken.

Doch wie funktioniert das? Einfach gesagt: Die Echsen spannen ihre Muskeln an, um ihre Farbe zu wechseln. Wer es noch genauer wissen möchte, der sollte weiterlesen.

Chamäleons besitzen zwei Hautschichten. In der oberen Schicht befinden sich ganz spezielle Hautzellen, die aus winzigen Kristallen bestehen. Sie sind gitterartig angeordnet und können das Licht in den verschiedensten Farben zurückwerfen. In der zweiten Hautschicht gibt es dieselben Kristalle, allerdings sind sie hier größer. Sie haben mit dem Farbwechsel nicht so viel zu tun. Ihre Aufgabe ist es, die Echsen vor der Hitze in ihrem Lebensraum zu schützen. Durch ihre Größe reflektieren sie hauptsächlich Infrarotlicht, also warmes Licht. Das heißt, sie strahlen Hitze ab.

Wenn das Chamäleon seine Muskeln bewegt, also die Haut anspannt, oder eben entspannt, verschieben sich die Gitter der Kristalle der oberen und der unteren Hautschicht. Das Licht wird dadurch anders zurückgeworfen und die Farbe der Haut ändert sich. Das passiert entweder ganz gezielt oder auch unbewusst: Ist das Chamäleon nämlich entspannt, liegt die Haut »locker« auf dem Köper und schiebt sich zusammen. Die Kristalle liegen dann eng beieinander und reflektieren hauptsächlich blaues Licht. Weil die meisten Hautzellen der Tiere aber von Natur aus gelb sind, ergibt sich eine Mischung aus gelb und blau – das Chamäleon erscheint dann grün.

Regt sich das Tier auf, spannt sich die Haut, die Kristalle werden auseinandergezogen und werfen mehr rotes Licht zurück. Die Haut wird orange.

Ein Chamäleon ist also ein bisschen wie ein Stimmungsbarometer – man kann ihm seine Laune an der Farbe ansehen. Zumindest dann, wenn es die Funktion nicht gerade bewusst zur Tarnung oder zum Flirten einsetzt.

Trinken Fische?

Um diese Frage zu beantworten, muss man unterscheiden zwischen Fischen, die in Süßwasser leben, und denen, die sich im Salzwasser, also im Meer aufhalten.

Die Fische in Seen und Flüssen müssen nicht unbedingt trinken, während Meeresfische wiederum Flüssigkeit benötigen. Aber ein Fisch ist doch ein Fisch? Warum muss der eine trinken und der andere nicht?

Generell brauchen natürlich alle Fische, wie alle anderen Lebewesen auch, Wasser zum Leben. Diejenigen, die im Meer leben, bewegen sich in sehr salzhaltigem Wasser, das führt dazu, dass sie ständig Flüssigkeit verlieren. Der Vorgang, der dahintersteckt, ist ein chemischer und nennt sich Osmose.

Was passiert bei dieser Osmose? Fische haben, wie wir auch, eine salzhaltige Lösung im Körper. Wenn der Salzgehalt in der Umgebung (also im Meerwasser) höher ist als der im Körper, wird ständig Flüssigkeit aus dem Körper gezogen – die Natur will diesen Unterschied nämlich ausgleichen. Bei Fischen passiert das über ihre Kiemen. Wenn zu viel Wasser über die Kiemen abgeflossen ist, bekommen die Tiere Durst. Sie öffnen ihr Maul und trinken Salzwasser. Dieses Salzwasser wird dann im Körper gefiltert, denn zu viel Salz wäre gefährlich für die Fische. Das überflüssige Salz wird mit dem Urin ausgeschieden.

Bei Fischen im Süßwasser ist es genau andersherum. Hier haben die Fische mehr Salz im Körper als im Wasser um sie herum. Dadurch ziehen sie automatisch das Wasser von außen in sich hinein. Auch das geschieht über die Kiemen. Da die Fische durch diesen Vorgang mehr Wasser aufnehmen, als sie brauchen, scheiden sie den Rest, wie die Meeresfische auch, über den Urin aus. Dabei gehen allerdings auch Salze aus dem Körper verloren. Deshalb haben Süßwasserfische eine »Vorrichtung« in ihren Kiemen, die es ihnen ermöglicht, Salz aus dem Wasser aufzunehmen.

Der Körper der Fische ist somit ein geniales System zur Flüssigkeitsversorgung der Tiere.

Woher wissen Filmemacher eigentlich, wie sich Dinosaurier angehört haben?

Auch die Macher der berühmten Dino-Filme wissen nicht, wie sich die Tiere in Wirklichkeit angehört haben. Woher auch – schließlich hat niemand, der heute lebt, auch nur annähernd die Chance gehabt, den Lauten der Dinos zu lauschen. Trotzdem dürften die nachempfundenen Geräusche relativ nahe an der Realität liegen. Denn durch die Skelettfunde der Tiere und die modernen Computertechniken ist es inzwischen möglich, den Körperaufbau der Dinosaurier so genau nachzubilden, dass man daraus schließen kann, welche Geräusche das jeweilige Exemplar gemacht haben könnte. Ganz genau wird man es wohl aber nie wissen können, da ja nicht nur der Aufbau der Knochen (vor allem der des Kopfes) eine Rolle spielt, sondern auch die Verteilung und Art der Muskelfasern.

Warum tut es manchmal so weh, wenn man von einem winzigen Insekt gestochen oder gebissen wird?

Es ist oft verblüffend, wie sehr der Biss oder Stich dieser winzigen Tiere ausgewachsene Menschen schmerzen kann. Doch woran liegt das? Mit der Größe der entstandenen Wunde kann es nicht wirklich zu tun haben, da sowohl ein Biss als auch ein Stich im Grunde eine minimale Verletzung der Haut darstellen. Dass Insekten, im Vergleich zum Menschen, über beinahe unfassbare Kräfte verfügen, weiß jeder, der einmal eine Ameise bei der Arbeit beobachtet hat. Doch auch diese Kräfte sind nicht die Ursache des Schmerzes. Wenn ein Insekt einen Menschen angreift, sei es, um schlicht und ergreifend nach Nahrung im menschlichen Blut zu suchen, oder aus einer vermeintlich lebensgefährlichen Situation heraus, ist es weder der Stachel noch das Mundwerkzeug, durch die der starke Schmerz verursacht wird. Es ist das Gift, oder besser gesagt, die chemische Verbindung, die beim Einstich oder Biss in die Haut injiziert (eingespritzt) wird. Diese Verbindungen dienen im Fall der Nahrungsaufnahme dazu, das Blut zu verdünnen, sodass es leichter abgesaugt werden kann. Beim Menschen lösen sie eine schmerzende und juckende Reaktion aus.

Sticht ein Insekt zur Verteidigung, befindet es sich in Lebensgefahr. Auch hier wird eine chemische Mixtur in die Haut gespritzt, mit dem Unterschied, dass es in diesem Fall von der Natur gewollt ist, dass die Abwehr den Angreifer auch ordentlich schmerzt.

Es ist also nicht der Stich oder Biss eines Insektes, der die Schmerzen verursacht, sondern das Gift beziehungsweise die chemische Verbindung, die währenddessen in die Haut gelangt. Neueren Studien zufolge kann man diese Schmerzen nicht nur mit den altbewährten Mitteln wie Eis und aufgelegten Zwiebeln reduzieren, sondern auch durch gezielt eingesetzte Hitze.

Stimmt es, dass Vögel, die auf einer Hochspannungsleitung Platz genommen haben, keinen Schlag bekommen?

Es kommt immer wieder vor, dass man Vögel dabei beobachten kann, wie sie sich scheinbar wohlig und zufrieden auf Hochspannungsleitungen niederlassen, um eine kleine Rast einzulegen. Sicherlich hat sich der ein oder andere schon gefragt, wie die kleinen Tiere auf den Seilen, die einige zigtausend Volt befördern, sitzen können, ohne Schaden zu nehmen.

Grundsätzlich spielt hier die Physik eine wichtige Rolle. Denn solange die Tiere nur auf dem Kabel sitzen, dabei aber nichts anderes berühren, fließt der Strom sozusagen einfach um sie herum. Ein Vogel ist nämlich eine weitaus schlechtere Leitquelle als das vorhandene Kabel aus Metall. Der Strom sucht sich den Weg mit dem geringsten Widerstand und bleibt deshalb im Kabel. Das Ganze funktioniert aber nur, weil die Vögel nichts anderes berühren. Wäre das der Fall, würde der Strom durch das Tier hin zur Ableitung fließen. Kurz gesagt, wenn der Vogel, während er auf dem Stromkabel, sitzt den Boden oder ein anderes Kabel berühren würde, würde er diese Pause nicht überleben.

Doch die Natur hat auch in diesem Fall eine kleine Überraschung parat. Wenn man die heimeligen Szenen der kleinen Tiere auf den Leitungen genau beobachtet, stellt man ein paar erstaunliche Dinge fest:

1. Meistens sitzen die Vögel gar nicht auf den »echten« Leitungen, sondern auf den geerdeten Kabeln, die daneben verlaufen.

2. Von Hochspannungsleitungen, die extrem hohe Spannungen transportieren, halten sich die meisten Vögel fern. Sie können die starke Spannung in Form von unangenehmen Schwingungen spüren.

3. Nimmt ein Vogel auf einer Hochspannungsleitung Platz, verhält er sich immer ganz ruhig und verhindert dadurch die Berührung mit anderen leitenden Gegenständen.

Dennoch kommt es immer wieder vor, dass Vögel ihren Tod auf einer der Hochspannungsleitungen finden. Oft sind es dann kleinste Auslöser wie die Flügel, die beim Start eine andere Leitung berühren und so den Tieren zum Verhängnis werden.

Wie kann man sicher sein, dass destilliertes Wasser wirklich rein ist?

Die Antwort auf diese Frage lautet: Gar nicht. Destilliertes Wasser ist natürlich sauberer als normales Wasser, aber wie rein es wirklich ist, kann man im alltäglichen Gebrauch kaum sagen. Wasser wird destilliert, indem man es zum Kochen bringt und den dabei entstehenden Dampf auffängt. Danach lässt man ihn abkühlen. Wie sauber das destillierte Wasser, das so gewonnen wurde, aber wirklich ist, hängt auch davon ab, welche Verunreinigungen in dem Wasser waren, das zum Kochen gebracht wurde. Wenn man den Vorgang des Destillierens öfter wiederholt, wird das Ergebnis zwar jeweils reiner als das vorherige, aber man kann nicht zu 100 Prozent ausschließen, dass nicht noch andere Stoffe enthalten sind.

In einer Wüste ist es immer heiß und trocken – richtig oder falsch?

Die Wüste stellen sich die meisten wohl so oder ähnlich vor: weite karge Sandflächen, kein Wasser, kein Leben – und das alles in einer beinahe unerträglichen Hitze. Das ist zum Teil richtig. Aber eben nur zum Teil. Denn es gibt nicht nur diese eine Form einer Wüste, sondern auch andere Regionen, die man als Wüste bezeichnet, die aber ganz anders aussehen.

Man unterscheidet bereits bei den bekannten Trockenwüsten zwischen verschiedenen Formen. Grundsätzlich haben alle diese

Formen eines gemeinsam: Sie sind heiß. Denn sie befinden sich alle in der Nähe zum Äquator. Die einen liegen auf der südlichen Seite, die anderen auf der nördlichen. Hier gibt es die wenigsten Niederschläge, sodass das Klima sehr heiß und trocken ist. Diese Trockenwüsten werden in verschiedene Kategorien unterteilt. Am Anfang steht die Steinwüste. Hier gibt es nichts außer Steinen und Hitze – abgesehen von den wenigen Überlebenskünstlern, einige Tier- und Pflanzenarten, die sich auf diesen unwirtlichen Ort spezialisiert haben. Die Steine und Felsen sind extremer Hitze und Wind ausgesetzt. Dadurch werden sie brüchig und der Wind trägt kleine Gesteinsbröckchen davon. Aus diesen Gesteinsbröckchen entstehen dann die Kieswüsten. Wird der Kies dann weiter von Wind und Sonne bearbeitet, reiben sich die kleinen Steine weiter gegenseitig auf, bis sie am Ende zu Sand geworden sind. Das Endergebnis ist dann also die bekannte Sandwüste.

Weit weniger bekannt ist, dass diese Art der Wüsten nur etwa die Hälfte der weltweit existierenden Wüsten ausmacht. Denn die andere Hälfte sieht gänzlich anders aus: Sie ist kalt. Diese sogenannten Eiswüsten liegen in Grönland und am Südpol. Von ihnen gibt es, wie gesagt, fast genauso viele wie von den Trockenwüsten. In den Eiswüsten ist das Überleben genauso schwierig wie in den Trockenwüsten, deshalb ist auch hier das Leben rar. Nur wenige Tierarten schaffen es, den Temperaturen, die bis zu minus 30 Grad erreichen können, zu trotzen. Aufgrund dieser Temperaturen ist es auch in den Eiswüsten sehr trocken und windig. Hier haben Pflanzen keine Chance mehr – es gibt keine Vegetation. Eiswüsten sind also noch unwirtlicher als Trockenwüsten.

Die letzte Wüstenart, die noch unbekannter ist als die Eiswüsten, ist die Salzwüste. Von ihnen gibt es nur wenige, denn sie entstehen nur dann, wenn folgende Faktoren zusammenwirken: In einem Gebirge ist sehr viel Salz enthalten. Dieses Salz wird durch die Gebirgsbäche aus dem Gestein gelöst und mit ins Tal geschwemmt. Wenn es in dem Tal dann entsprechend heiß ist, verdunstet das Wasser und das Salz bleibt liegen. Auf diese Weise entstehen riesige Salzflächen. Die wenigen Salzwüsten der Erde findet man zum Beispiel in Mittelasien, im Südwesten von Nordamerika oder in Australien. Auch hier können nur wenige Pflanzen und Tiere überleben.

Es gibt also nicht nur eine Art Wüste auf unserer Erde, und jede Art ist für sich ein Wunderwerk der Natur.

Gibt es die legendären Elefantenfriedhöfe wirklich?

Die Legenden, die sich um die Grabstätten der sanften Riesen ranken, faszinieren die Menschen seit jeher. Wahrscheinlich wurden sie deshalb in so vielen Büchern und Filmen aufgegriffen. Dass Elefanten hoch entwickelte und sehr soziale Tiere sind, ist lange bekannt. Daher gibt es kaum einen Grund, an den Geschichten über diese Friedhöfe zu zweifeln. Oder etwa doch?

Es heißt, die Tiere würden spüren, wenn es mit ihnen zu Ende geht. Um dem Rest der Herde nicht zur Last zu fallen und vor allem, um in Ruhe sterben zu können, ziehen sich die alten und kranken Elefanten an spezielle Orte zurück. Dorthin seien schon ihre Vorfahren gewandert, um ihren letzten Frieden zu finden. Manche Legenden behaupten sogar, dass diese Friedhöfe nur von den sterbenden Elefanten zu erreichen seien. Und wenn doch jemals ein Mensch eindringen sollte, würde ihn ein tödlicher Fluch heimsuchen. Dass diese Erzählungen der perfekte Stoff für Bücher und Hollywood-Verfilmungen ist, liegt auf der Hand. Doch sind es tatsächlich nur Märchen, ohne jeglichen Bezug zur Realität?

Forscher haben herausgefunden, dass die alten und schwachen Tiere tatsächlich ganz bestimmte Orte aufsuchen, bevor sie sterben. Deshalb häufen sich in diesen Gebieten auch die Funde von Elefantenknochen. Diese sogenannten Elefantenfriedhöfe haben alle eine Gemeinsamkeit: Sie sind abgelegen und sumpfig. Aber warum zieht es die Tiere in ihren letzten Tagen und Stunden an diese Plätze? Die Erklärung ist weitaus unromantischer als die dazu passenden Sagen. Elefanten verbringen ihr ganzes Leben mit Fressen. Angesichts der Größe der Tiere sind die Mengen, die sie im Laufe der Zeit vertilgen, natürlich immens. Da Elefanten aber das stolze Alter von 60 Jahren und mehr erreichen können, sind ihre Zähne größten Belastungen ausgesetzt. Deshalb erneuern sich die Kauzähne (in dem Fall die Backenzähne) im Laufe eines Elefantenlebens bis zu fünfmal. Danach ist allerdings Schluss und die letzten Zähne werden so lange abgenutzt, bis sie anfangen zu schmerzen. Das ist dann der Moment, in dem sich die Elefanten in sumpfige Gebiete zurückziehen, um einfacher an Wasser und vor allem an weichere Nahrung zu kommen. Dass diese Gebiete oft auch abgelegen und ruhig sind, liegt in der Natur der Sache. Hier bleiben die Elefanten, bis sie aufgrund ihres Alters irgendwann sterben. Es sind also leider oft einfache Zahnschmerzen, weswegen sich die Tiere an bestimmte Orte zurückziehen. Und dadurch, dass diese alten Elefanten bald sterben, häufen sich die Funde ihrer Knochen an diesen Orten.

WIRTSCHAFT UND FINANZEN

Wie war das jetzt noch mal genau mit »Inflation« und »Deflation«?

Diese beiden Begriffe begleiten uns im Grunde unser Leben lang. Immer wieder hört man davon und kann sich mehr oder weniger etwas darunter vorstellen – das ist typ- und interessensabhängig. Dennoch spielen sie in der Wirtschaft eine bedeutende Rolle und wirken sich letztendlich auf jeden Einzelnen aus. Für diejenigen, die von den Begriffen Inflation und Deflation eine eher vage Vorstellung haben, folgt hier die Erklärung:

Inflation ist der Ausdruck dafür, dass die Preise immer weiter ansteigen. Das heißt, dass man für dieselbe Ware immer mehr bezahlen muss. Dadurch wird umgekehrt auch das Geld immer weniger wert. Man bekommt also nach einiger Zeit weniger Lebensmittel und andere Dinge für das gleiche Geld. Wie kommt das? Es gibt mehrere Gründe, die zu einer Inflation führen:

1. Der Zusammenhang zwischen Angebot und Nachfrage: Bei einer Inflation haben wir mehr Geld produziert als Waren. Das heißt automatisch, dass das Geld weniger wert ist. Denn alles, was im Überfluss vorhanden ist, hat einen geringeren

Wert als seltene Dinge. Wenn wir aber mehr Geld als Ware haben, können Händler ihre Waren oder Dienstleistungen teurer anbieten.

2. Das Ansteigen der Herstellungskosten: Es kann aber auch sein, dass zum Beispiel die Kosten für die Herstellung der Waren steigen. In diesem Fall müssen die Produzenten diese Kosten auf den Preis aufschlagen. Das hat zur Folge, dass das Geld weniger wert ist. Wenn das Geld weniger wert ist, kommt ein anderes Problem für den einzelnen Verbraucher hinzu: Alles, was er an Geld besitzt, also zum Beispiel seine Ersparnisse, haben nicht mehr den Wert, den sie einmal hatten.

Die Folgen einer Inflation sind nicht das, was man sich wünscht. Der einzige Vorteil, den eine Inflation möglicherweise mit sich bringt, betrifft Schulden, die man hat. Denn in dem Moment, in dem das Geld weniger wert ist, werden auch die Schulden, die man hat, weniger.

Die Deflation ist sozusagen der Gegenspieler der Inflation. Bei einer Deflation gewinnt das Geld an Wert und man bekommt wieder mehr Ware für den gleichen Preis. Das hört sich im ersten Moment gut an, birgt aber auch Tücken:

1. Wenn das Geld wieder mehr wert ist, fangen die Menschen an, mehr zu kaufen. Wird mehr gekauft, stellen die Produzenten mehr her, um der Nachfrage gerecht zu werden. Wenn sie dann aber sehr schnell sehr viel produzieren, gibt es mehr Ware als Geld auf dem Markt. Das führt dann wiederum dazu, dass die Preise für die Waren sinken. Denn hier ist es ähnlich wie bei der Inflation: Alles, was es zuhauf gibt, ist weniger wert. Im ersten Moment könnte man denken, dass das für den einzelnen Verbraucher ja eine tolle Sache ist: Das Geld, das man hat, ist mehr wert, und gleichzeitig werden

die Dinge, die man sich kaufen will, günstiger. Das stimmt so leider nicht. Denn meistens hat das Ganze zur Folge, dass die Verbraucher sogar weniger kaufen als zuvor, weil sie darauf warten, dass die Preise weiter sinken. Und dabei sind wir schon beim nächsten Problem:

2. Wenn die Menschen weniger kaufen, stellen die Produzenten weniger her, sie möchten schließlich nicht auf ihrer Ware sitzen bleiben. Das führt dazu, dass sie auch weniger Geld ausgeben, denn sie haben ja auch weniger hergestellt und verkauft. Das heißt, sie drosseln ihre Investitionen (ihre Ausgaben), und das betrifft dann nicht nur ihre Ware, sondern am Ende auch die Angestellten. Denn wer sparen muss, entlässt auch Mitarbeiter, um das Unternehmen zu retten.

3. Das wäre die nächste Tücke der Deflation: die Arbeitslosigkeit. Denn eines ist klar: Menschen, die ihre Arbeit verlieren, geben noch weniger Geld aus als zuvor. Es kommt also wieder weniger Geld in den Umlauf und damit bei den Herstellern an.

Die Deflation hat es also ebenfalls in sich. Was können wir also tun, um nicht alle irgendwann in einer Inflation oder Deflation unterzugehen?

Dafür hat man eine Art Schiedsrichter bestimmt, die sogenannte EZB (Europäische Zentralbank). Sie hat die Aufgabe, die Preise in Europa im Auge zu behalten und wenn nötig einzugreifen. Dabei achtet die EZB hauptsächlich auf die wirtschaftlich wichtigen Dinge wie die Ölpreise, oder darauf, wie viel Geld in Europa gerade im Umlauf ist. Dazu ein Beispiel: Wenn die Preise steigen, kann die EZB die Produktion des Geldes steuern. Das macht sie über die Zinsen, die wir bei den Banken bezahlen müssen, wenn wir einen Kredit aufnehmen. Einfacher gesagt: Die Zinsen sind das Geld, das wir bezahlen müssen, wenn uns die Bank Geld leiht. Wenn die Zinsen niedrig sind, leihen wir uns das Geld lieber, weil wir weniger dafür bezahlen müssen. Das Ergebnis ist, dass sich viele Menschen viel Geld leihen. Andersherum ist es, wenn die Zinsen steigen. In diesem Fall legen die meisten ihr Geld lieber zurück und sparen, anstatt den Banken viele Zinsen zu bezahlen. Das heißt, es ist wieder weniger Geld im Umlauf, die Leute geben weniger aus und damit wird wieder weniger produziert. Am Ende können so die Preise für alles gesenkt werden und der Kreislauf beginnt von vorne: ein ständiger Wechsel von Inflation zu Deflation, und die EZB versucht, das Gleichgewicht zu wahren.

Wie funktioniert der Aktienhandel?

Die Börse und der Aktienhandel, der dort stattfindet, sind geläufige Begriffe. Man hat in der Regel ein mehr oder weniger genaues Bild davon, wie beide funktionieren. Für alle, die eher zum Weniger tendieren, folgt hier ein genauerer Einblick:

Wie kommt es überhaupt zum Aktienhandel?

Aktienhandel entsteht dann, wenn ein Hersteller oder Produzent sich entscheidet, mit seinem Unternehmen an die Börse zu gehen. Das hat meistens den Hintergrund, dass sein Unternehmen gut läuft und er deswegen expandieren, sich also vergrößern möchte. Dieser Ausbau kostet natürlich sehr viel Geld, das nicht jeder immer parat hat. Also kann der Unternehmer entscheiden, woher er das Geld bekommt, um seinen Betrieb zu vergrößern. Dafür gibt es zwei Möglichkeiten:

1. Er leiht sich das Geld von der Bank. Das hat den Vorteil, dass der Unternehmer immer alleiniger Eigentümer seiner Firma bleibt. Gleichzeitig muss er aber den Kredit, den er bei der Bank aufgenommen hat, allein zurückzahlen, und

das ist meistens mit hohen Zinsen verbunden. Er zahlt also mehr an die Bank zurück, als er sich geliehen hat.

2. Die zweite Möglichkeit, an Geld zu kommen, ist die Gründung einer AG, also einer Aktiengesellschaft. In diesem Fall können sogenannte Investoren Aktien von der Gesellschaft kaufen. Mit diesem Geld kann der Unternehmer dann wieder arbeiten. Der Nachteil dabei ist, dass die Investoren mit dem Kauf der Aktien auch einen Teil des Unternehmens erwerben. Sie bilden zusammen die »Aktiengesellschaft« und sind dann Miteigentümer – das heißt, die Firma gehört dem Unternehmer nicht mehr allein.

Hat sich der Unternehmer dafür entscheiden, eine AG zu gründen, wird zuerst der Gesamtwert der Firma geschätzt, denn danach richtet sich der Preis der Aktien. Ist dieser ermittelt, können Aktien zum Verkauf gestellt werden. Der Unternehmer überlegt sich aber zuvor, wie viele Aktien er überhaupt verkaufen will. Denn wenn er zu viele verkauft, ist er irgendwann selbst nur noch ein Teil der Aktiengesellschaft und nicht mehr der Eigentümer. Deshalb stellen viele Unternehmen nur Aktien bis zu 49 Prozent des Gesamtwertes zum Kauf zur Verfügung. Auf diese Weise behält der Unternehmer die »Aktienmehrheit«, also 51 Prozent. So hat er weiterhin den größten Einfluss und kann die meisten Entscheidungen selbst treffen. Die Aktionäre haben allerdings ein Mitspracherecht, von dem sie auf einer einmal im Jahr stattfindenden Aktionärsversammlung Gebrauch machen können.

Außerdem bekommen die Aktionäre jährlich sogenannte »Dividenden«, das sind Gewinnbeteiligungen. Wenn das Unternehmen Gewinn macht, haben also alle etwas davon. Der Unternehmer hat mehr Einkünfte und die Aktionäre haben wertvollere Aktien, die sie, wenn sie möchten, zu einem höheren Preis wieder verkaufen können.

Was ist TTIP?

TTIP ist derzeit in aller Munde, aber kann man erklären, was genau hinter dem Begriff steckt? TTIP (englisch: *Transatlantic Trade and Investment Partnership*) ist die Abkürzung für ein Freihandelsabkommen zwischen Europa und Nordamerika. Es ist derzeit heftig umstritten, da es neben den günstigen Auswirkungen auf den Handel der Partner der verschiedenen Länder auch einige bedenkenswerte Nebenwirkungen hat. Fassen wir zuerst die positiven Aspekte zusammen:

Wenn ein Abkommen zwischen den Handelspartnern von Nordamerika und Europa geschlossen wird, können die Hersteller jeder Seite ihre Ware viel einfacher und günstiger an den Abkommenspartner verkaufen. Das heißt, die Hersteller eines Produktes müssten nicht den Arbeitsablauf einhalten, der bisher Usus ist. Das betrifft zum Beispiel den Zoll. Der Hersteller muss, damit er seine Ware in ein anderes Land verkaufen darf, Zollgebühren bezahlen und dazu viele Fragen beantworten. Das Ganze erfordert Zeit und Geld. Deshalb sind Produkte, die man im Ausland erwirbt, mitunter um einiges teurer als diejenigen, die man im eigenen Land kaufen kann. Außerdem gibt es Mengenbeschränkungen. Das heißt, man darf nur eine gewisse Anzahl eines Produktes kaufen beziehungsweise verkaufen. Man überlegt sich den Handel also zweimal, bevor man ein teureres Produkt kauft. Wenn TTIP in Kraft treten sollte, würde dieser Aspekt wegfallen und die Länder könnten sich ihre Produkte gegenseitig viel günstiger verkaufen. Es gäbe eine sogenannte »Freihandelszone«. Der Handel würde wachsen und damit neue Arbeitsplätze schaffen. Abgesehen davon hätte es für die Wirtschaft eines Landes Vorteile – denn das Land hätte mehr Geld zu Verfügung.

Das hört sich eigentlich sehr gut an. Das Problem mit den Verträgen zwischen verschiedenen Ländern ist jedoch, dass jedes

Land seine eigenen Gesetze und Vorschriften hat. Würde das Handelsabkommen geschlossen, müsste man diese Vorschriften anpassen, damit jeder gleiche Chancen hat. Das hätte wiederum Auswirkungen auf andere Bereiche. Da wäre zum einen das Thema Gesundheit.

In Deutschland darf zum Beispiel kein Mais verkauft werden, der mithilfe von Gentechnik verändert wurde. In Amerika ist das allerdings erlaubt. Aber auch auf den Umweltschutz oder die Regelungen für den Verkauf von Medikamenten würde sich das Abkommen auswirken. Und im Grunde hat keiner der Partner große Lust dazu, die im eigenen Land geltenden Gesetze zu verändern. Hinzu kommt, dass alle Verhandlungen zwischen den Abkommenspartnern hinter verschlossenen Türen stattfinden. Das ist für viele Menschen nicht nachvollziehbar, denn am Ende betrifft der Pakt zwischen den Ländern ja nicht nur die Politiker, sondern eben auch viele Millionen Menschen.

Was sind die Panama-Papiere und was ist damit passiert?

Im April 2016 ging ein gewaltiger Ruck durch die Medien, der für weltweites Aufsehen sorgte. Ursache waren die sogenannten *Panama Papers*, die Panama-Papiere. Im Grunde hat man davon gehört und weiß auch, dass es um Steuerhinterziehung und andere illegale Machenschaften ging. Aber wie die Panama-Papiere ans Licht kamen und was genau dahintersteckt, ist vielen nicht ganz klar geworden.

Die Panama-Papiere haben weltweit Steuerhinterzieher aufgedeckt. Wie das passiert ist, wird im Folgenden erklärt. Doch zuvor geht es erst einmal darum, was diese Papiere eigentlich sind beziehungsweise was die Beschuldigten gemacht haben, um als Steuerhinterzieher zu gelten.

1. Was sind die Panama-Papiere?
Die Panama-Papiere sind eine riesige Datenmenge, die 2015 von einer unbekannten Quelle an die *Süddeutsche Zeitung* übermittelt wurde. In diesen Daten waren die Steuersünden und andere illegale Geldgeschäfte vieler Menschen weltweit, die zwischen 1977 und 2015 im Ausland getätigt worden waren, gespeichert. Auch Menschen, die in der Öffentlichkeit stehen, waren von der Veröffentlichung der Daten betroffen, was den Hype um das Thema noch anfachte.

2. Was haben die Beschuldigten gemacht, um strafbar zu werden?
In der vergangenen Zeit haben viele Menschen nach einem Schlupfloch gesucht, um für ihr vorhandenes Geld keine Steuern bezahlen zu müssen. Da gab es den althergebrachten Weg über die Schweiz, aber eben auch noch andere Wege, die illegal sind. Hier kommen Finanzkanzleien in Panama ins Spiel. Denn dort gibt es wesentlich weniger Regeln und Vorschriften, was es einfacher machte, Geld am eigenen Fiskus vorbei zu schleusen. Das Ganze funktionierte so: Finanzkanzleien aus Panama verkauften den »Anlegern« Briefkastenfirmen in Steueroasen. Das heißt, die Finanzkanzleien verkauften Firmen, die es nur auf dem Papier gab und in Wirklichkeit nicht existierten, und das in Ländern, in denen die Steuergesetze und andere Regeln relativ lax behandelt werden. So war sichergestellt, dass dort niemand groß kontrollierte. Diese Firmen gab es tatsächlich nur in Form eines Briefkastens an irgendeinem Gebäude in der jeweiligen Steueroase. Nachdem die »Unternehmen« auf dem Papier existierten, konnte man für diese natürlich auch Konten eröffnen, die dann den Namen der Briefkastenfirma trugen. Auf diese Weise konnten die Steuersünder dann ihr Geld auf diese ausländischen Konten transferieren und damit verfahren, wie sie wollten. Denn ihr richtiger Name erschien ja nie, es ging immer nur um Aktionen einer Briefkastenfirma in irgendeinem weit entfernten Land mit anderen Regeln. Die

Einzigen, die von dem echten Eigentümer des Geldes wussten, waren die Finanzkanzleien und die Banken vor Ort. Und nachdem mit den Steuersündern viel Geld zu verdienen war, hatte dort niemand Interesse daran, diese auszuplaudern. Dabei wurden die Briefkastenfirmen nicht »nur« zur Steuerersparnis genutzt. Mit diesen anonymen Möglichkeiten, Geld zu transferieren oder anzulegen, wurden auch andere Verbrechen wie Geldwäsche oder Korruption unterstützt.

3. Wie kamen die Papiere ans Licht?
   Die riesigen Datenmengen der Beschuldigten wurden, wie schon erwähnt, 2015 an die *Süddeutsche Zeitung* geleitet. Die Quelle der Daten war eine zunächst »anonyme Person« einer der Finanzkanzleien aus Panama. Heute weiß man, es war Mossack Fonseca. Das Ausmaß der Enthüllung war den Journalisten von Anfang an bewusst. Deshalb bezogen sie das Internationale Investigative Journalistennetzwerk (ICIJ) mit ein. Denn es war klar, dass diese geheimen Dokumente weltweit für Aufmerksamkeit sorgen würden. So wurde ein Jahr lang und länderübergreifend an den Dateien gearbeitet, bis dann im April 2016 schließlich die Panama-Papers veröffentlicht werden konnten.

Die Panama-Papiere haben zu einer globalen Diskussion geführt, da durch sie viele illegale Machenschaften aufgedeckt werden konnten. Seitdem steht der Begriff generell stellvertretend für moralische Ansichten.

Und die Paradise-Papers? Was ist das? Und was ist der Unterschied zu den Panama-Papers?

Über die Panama-Papiere gelangt man gleich zum nächsten sehr aktuellen Thema: den Paradise-Papers. Sie sind sozusagen die neueste Version der Panama-Papiere. Auch sie wurden von

Journalisten, die weltweit zusammenarbeiten, aufgedeckt. Beteiligt waren dabei unter anderem die *Süddeutsche Zeitung* (sie erhielt die Dokumente wieder zuerst), *The New York Times*, der Fernsehsender BBC, *Le Monde* und *The Guardian*, also alle internationalen großen Zeitungen. Im Fall der Paradise-Papers sollen noch mehr Daten (bislang sind es circa 13 Millionen) aus verschiedenen Ländern ans Licht gekommen sein. So wurden zum Beispiel Dokumente von einer Anwaltskanzlei auf den Bermudas und weitere aus Singapur und Malta aufgedeckt. Insgesamt sollen dieses Mal 19 verschiedene Steueroasen betroffen sein.

Der Unterscheid zu den Panama-Papieren liegt aber nicht nur in der Anzahl der aufgedeckten Steuerparadiese, sondern auch in den Personen, die betroffen sind. Denn dieses Mal sind besonders viele hochbrisante Namen im Spiel. Dabei handelt es sich unter anderem um Politiker und Prominente aus 50 Ländern, wie zum Beispiel den US-Handelsminister, den Schwiegersohn Wladimir Putins, Berater von Donald Trump, den argentinischen Finanzminister, Gerhard Schröder und sogar die Queen selbst. Auch Prominente aus Sport und anderen kulturellen Bereichen sind betroffen, ganz zu schweigen von Konzernen wie Apple, Nike, Twitter und Facebook.

Trotzdem wurde gerade von der Anwaltskanzlei, von der die Daten stammen, darauf hingewiesen, dass es sich hier wohl nicht um illegale oder strafbare Machenschaften handelt. Denn gerade in diesem Bereich bewegen sich viele Vorgänge in einer rechtlichen Grauzone und sind daher nicht immer gleich ein Verbrechen. Dadurch, dass in den Ländern, die man als Steueroasen bezeichnet, auch andere Gesetze gelten, ist manches, was hierzulande strafbar wäre, es dort eben nicht. Dennoch hat das Auftreten erneuter und zugleich so prominenter Daten in Bezug auf Steueroasen wieder die Diskussion entfacht, ob diesbezüglich nicht noch mehr Daten zwischen den Ländern ausgetauscht werden sollten. Auch die Frage nach den Regeln und Gesetzen ist wieder im Gespräch, denn solange es keine weltweit einheitlichen Regelungen gibt, gilt das jeweilige Recht vor Ort, und das bedeutet, es gibt weiterhin Schlupfwinkel für diejenigen, die weniger oder keine Steuern bezahlen möchten.

Was sind Bitcoins?

Bitcoin ist Geld, das nur digital existiert. Das heißt, man kann es nicht in den Geldbeutel stecken wie Euro, sondern hat es als Daten gespeichert – ein bisschen so wie Musik als MP3 statt CDs. Im Gegenteil zum »echten« Geld kontrollieren keine Banken den Geldfluss, sondern viele Computer weltweit. Diese passen darauf auf, wer wie viele Bitcoins besitzt und wer wie viele davon an wen überträgt (also bezahlt). Neben Bitcoin gibt es auch noch verschiedene andere digitale Währungen, die man auch Kryptowährungen nennt. So wie es Euro, Dollar oder Kronen gibt, existieren neben Bitcoin zum Beispiel noch Litecoin oder Ethereum.

Erfunden wurden die Bitcoins von einer Person oder Gruppe namens Satoshi Nakamoto, allerdings ist bis heute nicht klar, wer genau sich hinter diesem Namen verbirgt.

Man kann immer mehr Dinge und Dienstleistungen mit digitaler Währung bezahlen, allerdings können Bitcoins noch keine »normale« Währung ersetzen.

DAS INTERNET

Wer hat das Internet erfunden?

Inzwischen ist das weltweite Netz (WWW – *world wide web*) genauso alltäglich und wichtig geworden wie das Telefon. Es existiert gerade mal 20 Jahre und ist heute für beinahe niemanden mehr aus dem Alltag wegzudenken. Wir benutzen es beruflich wie privat; im Grunde also den ganzen Tag. Eltern suchen Antworten auf die steten Fragen ihrer Kinder ganz selbstverständlich in diesem immer zugriffsbereiten und niemals ruhenden Wissenspool, sie bestellen dort die neue Waschmaschine oder Karten für das nächste Lieblingskonzert. Gerade weil wir das Internet für sämtliche Belange unseres Lebens stets und ständig nutzen, ist es inzwischen nahezu unvorstellbar geworden, ohne diesen Zugang zur Welt zu leben.

Aber wer steckt hinter dieser elektronischen Revolution? Wer kam auf die Idee, die ganze Welt mittels Mausklick zu verbinden?

Es war das amerikanische Militär. Ende der 50-er Jahre, als das Zeitalter der Computer einsetzte, war klar, dass dies die Technologie der Zukunft sein würde. Leider waren damals sowohl die Kapazität der Computer als auch ihre Stabilität begrenzt. Das Militär suchte also nach einer Möglichkeit, möglichst viele Rechner miteinander zu verbinden, um im Falle eines nuklearen Anschlags (es war die Anfangszeit des Kalten Krieges) weiterhin miteinander kommunizieren zu können. Das Ergebnis war 1969 das sogenannte »Arpanet« (*Advanced Research Projects Agency Network)*, benannt nach der Forschungsabteilung des Verteidigungsministeriums der USA.

Mit der Zeit wurde das Arpanet mit immer mehr zivilen Einrichtungen, vornehmlich mit Universitäten, verbunden. Anfang der 70er-Jahre nahm man das erste Programm zum Versenden und Empfangen von elektronischen Briefen in Betrieb. Die E-Mail war geboren.

Durch diese »Erfindung« erhöhte sich die Zahl der Nutzer schlagartig, sodass im Laufe der 80er-Jahre das militärische Netz vom zivilen getrennt wurde. Anfang der 90er-Jahre konnte das zivile Netz dann erstmals zu kommerziellen Zwecken (also für den Handel) verwendet werden, was zur Folge hatte, dass der Nutzerkreis nochmals sprunghaft anstieg. Als dann die ersten Programme zuglassen wurden, die es nicht nur den Profis ermöglichten, das Netz zu nutzen, gab es kein Halten mehr – das Internet war geboren und seine Erfolgsgeschichte nicht mehr aufzuhalten.

Wie funktioniert das Internet überhaupt?

Im Grunde braucht es lediglich fünf Dinge, damit das Internet funktioniert. Das sind:

1. Server,
2. Verbindungsstücke, zum Beispiel Kabel,
3. Endgeräte,
4. Router,
5. Provider.

Endgeräte sind Geräte, mit denen wir das Internet empfangen beziehungsweise nutzen, zum Beispiel Computer oder Handys.

Kabel werden benötigt, um die Geräte miteinander und mit dem Stromnetz zu verbinden. Denn ohne Strom – kein Netz.

Bei einem Server handelt es sich eigentlich auch um einen Computer. Er stellt anderen Computern, die auf ihn zugreifen können, Programme oder Daten und Ähnliches zu Verfügung. Man kann sich beim Server also mit Daten bedienen. Daher auch der Name »Server«, er bedeutet im Deutschen »Diener«. Meistens sind viele Server zusammengelegt, sodass sich riesige Datenmengen auf ihnen speichern lassen, die wiederum für andere abrufbar sind.

Ein Router ist sozusagen ein Lotse. Er zeigt den Daten, die abgerufen werden, den richtigen Weg zu dem Computer, der die Daten »bestellt« hat. Diese Daten werden auf dem Weg zu uns immer wieder in die richtige Richtung gelenkt. Den letzten Router haben wir dann bei uns zu Hause. Er ermöglicht uns den Zugang zum Internet und kümmert sich darum, dass die angeforderten Daten auch wirklich an unseren Endgeräten ankommen und umgekehrt.

Auf ihrem Weg vom Server zum Endgerät brauchen die Daten entsprechende Kabel, durch die sie geleitet werden können. Die Datenübertragung funktioniert auch über WLAN, also per Funk und ohne Kabel. Das gelingt bis jetzt allerdings nur auf kurzen Strecken, zum Beispiel zu Hause oder an bestimmten sogenannten WLAN-Spots. Hier kann der Router die Daten über kurze Strecken an die Endgeräte schicken. Wenn es aber darum geht, Daten von einem Kontinent zum anderen zu senden, benötigt man die guten alten Kabel. Diese verlaufen unter der Erde, teilweise auch durch Ozeane, und vernetzen auf diese Weise die ganze Welt.

Im Laufe der Zeit arbeiten immer mehr Firmen über das und mit dem Internet, um ihre Dienstleistungen anzubieten. Dazu haben sie eigene Server entwickelt und aufgestellt. Wenn man zum Beispiel eine App, die man zunächst geladen hat, nutzt, wird man mit dem Server derjenigen Firma verbunden, die diese App anbietet. Das kann weltweit sein, wenn man Apps nutzt, deren Firmen ihren Sitz in anderen Ländern haben. Handelt es sich um beliebte Apps, die häufig geladen und genutzt werden, haben die Firmen dafür so viele Server, dass sie ganze Hallen damit füllen.

Damit man überhaupt ins Internet kommt und Zugriff auf die verschiedenen Server bekommt, braucht man einen Provider. Provider sind Unternehmen, die dafür sorgen, dass man Zutritt zum World Wide Web bekommt. Von diesen Providern erhält man den Router, mit dem man sich schließlich ins Internet einwählen kann. Das funktioniert gegen Zahlung eines Betrages, den man zumeist monatlich an den jeweiligen Provider tätigt.

Warum funktioniert freies WLAN oft so schlecht?

Ein beinahe alltägliches Problem – man befindet sich an einem öffentlichen Ort und möchte dort das kostenfreie WLAN-Netz (Wireless Local Ares Network – Drahtloses lokales Netzwerk) nutzen, aber es funktioniert nur bedingt. Man kann nur einige Daten, zum Beispiel E-Mails, empfangen, aber nicht senden oder Dateien aus dem Netz laden.

Das hängt letztlich mit der Kapazität des Netzes zusammen. Je mehr Menschen sich an einem Ort befinden und sich gleichzeitig in dieses Netz einloggen, desto »instabiler« wird es. Je stabiler ein solches Netz ist, desto mehr Daten können damit transportiert werden, entsprechend teurer aber wird es für den Betreiber. Es liegt also oft schlichtweg an den Kosten, die der Netzbetreiber bereit ist, für das Netzwerk zu bezahlen – oder eben auch nicht.

Wie kann man den Unterschied zwischen Internetgeschwindigkeit und Downloadgeschwindigkeit erklären?

Sobald man das Internet benutzt, macht man grundsätzlich zwei Dinge:

1. Man lädt Dateien herunter (Download). Das passiert zum Beispiel immer dann, wenn man seine E-Mails liest oder andere Dateien anschaut.

2. Man lädt Dateien ins Internet (Upload). Ein alltäglicher Vorgang, den man immer nutzt, wenn man etwas ins Netz »stellt« (Bilder in Facebook und so weiter).

Die Downloadgeschwindigkeit ist dabei immer die Geschwindigkeit, mit der etwas aus dem Internet geladen wird. Das heißt, wie lange es dauert, bis Dateien aus dem Netz im Computer ankommen.

Die Internetgeschwindigkeit bezieht sich dagegen auf beides: Up- und Download. Sie ist eine Maßeinheit, um eine Aussage über die allgemeine Geschwindigkeit des jeweiligen Netzes zu treffen.

Warum ist das Internet am Abend oft langsam?

Das Problem kennt jeder: Man möchte am Abend in Ruhe seine E-Mails lesen oder einen Film aus dem Netz anschauen, aber es dauert eine gefühlte Ewigkeit, bis die Daten auf dem Computer ankommen. Auch dieses Phänomen hat mit der Anzahl der Nutzer zu tun. Die Leitungen, durch die elektronische Datenmengen aus dem Netz in die Haushalte fließen, haben eine gewisse Kapazität, also Leistungsfähigkeit. Das heißt, es kann in einer bestimmten Zeit immer nur eine bestimmte Menge an Daten geliefert werden. Wenn am Feierabend alle zu Hause sind und das Internetz nutzen, kommt es zu einer Art Daten-Stau. Die Leitungen sind überlastet und befördern die gewünschten Datenmengen langsamer als zu Tageszeiten, an denen nur wenige Haushalte ins Netz eingewählt sind.

Warum heißt Google Google?

Es gibt Dinge, die nutzt man jeden Tag, aber man hat keine Ahnung, woher sie ihren Namen haben. So geht es vielen zum Beispiel mit der Suchmaschine Google. Google ist eine der beliebtesten Suchmaschinen weltweit, sie wird täglich von mehreren Millionen Usern (Nutzern) benutzt – dennoch wissen viele der Nutzer nicht, warum Google eigentlich Google heißt.

1938 bat der Mathematiker Edward Kasner seinen Neffen, einen Namen für eine Zahl zu finden, die aus einer 1 und hundert Nullen besteht. Der kleine Junge entschied sich für »Googol«. Die Google-Begründer Larry Page und Sean Anderson waren einige Jahre später der Meinung, dass diese Bezeichnung genau die richtige für ihre neu entwickelte Suchmaschine sei. Die unvorstellbar hohe Zahl spiegelte für sie perfekt die unglaubliche Menge an Daten wider, die sich im Internet befinden. Dass Google aber nun eben Google heißt und nicht Googol, liegt an einem Schreibfehler, der Sean Anderson unterlaufen war, als er den Begriff im Internet eingab. Die beiden Gründer wollten eigentlich nur wissen, ob zu dem Namen Googol noch eine Domain frei war. Als sie das Wort falsch als Google eingaben, stellten sie fest, dass dieser Name noch frei war und außerdem besser klang als Googol. Kurzerhand sicherten sich die beiden Amerikaner den Namen und gründeten mit ihm eine der beliebtesten Suchmaschinen der Welt, die inzwischen bereits ihren 20. Geburtstag feiern konnte.

Woher weiß meine Facebook-Seite, was ich auf Google gesucht habe?

Jedem, der soziale Netzwerke nutzt, ist wahrscheinlich schon aufgefallen, dass sich auf der persönlichen Seite Werbefenster beziehungsweise Links zu Themen tummeln, die man kurz zuvor über eine Suchmaschine gesucht hat. Diese zunächst gut gemeinten Hinweise können aber auch beängstigend sein. Denn warum wissen die Macher der sozialen Netzwerke über die Interessen jedes einzelnen Users so gut Bescheid? Und wie kommen sie an diese Informationen?

Hintergrund ist, dass alles, was wir in Suchmaschinen eingeben, in sogenannten »Cache-Daten« beziehungsweise »Cache-Dateien« (Daten in einer Art Zwischenspeicher) aufbewahrt wird. Mit der Zeit entsteht so eine Art Fingerabdruck oder Suchprofil jedes einzelnen Users, das bei den einzelnen Browsern hinterlegt wird. Loggt man sich dann bei einem der sozialen Netzwerke mit seinen Zugangsdaten ein, erteilt man gleichzeitig die Erlaubnis, dass die in den Cache-Daten abgespeicherten Inhalte eingesehen werden dürfen. Aufgrund dieser Informationen können dann zu den Suchthemen passende Angebote und Werbungen geschaltet werden. Man geht dann davon aus, dass diese Hinweise verstärkt angeklickt werden, weil sie ja zuvor schon mithilfe von Suchmaschinen ausfindig gemacht wurden. Hat man sich also bestimmte Produkte angesehen oder zum Beispiel bei einer Fluggesellschaft nach günstigen Verbindungen gesucht, kann man davon ausgehen, dass die Anzeigen auf der persönlichen Seite der sozialen Netzwerke genau in diese Richtung zielen. Klickt der User dann eine dieser Anzeigen an, bekommt der Betreiber des Netzwerkes Geld von den jeweiligen Gesellschaften, die sie geschaltet haben.

Was sind »Bots«?

Immer häufiger hört man in Zusammenhang mit dem Internet von den sogenannten »Bots«. Selbst bei den Bundestagswahlen 2017 wurde gemunkelt, dass diverse Bots das Wahlverhalten der Wählerinnen und Wähler beeinflusst haben könnten.

Das Wort »Bot« stammt aus dem Englischen und ist die Abkürzung von »robot« (Roboter). Mit diesem Wissen ist man der Antwort schon ein Stück näher, denn Bots sind nichts anderes als Roboter. Hört man den Begriff Roboter, denkt man an kleine Blechgesellen à la R2-D2, die sich bewegen können und in der Realität inzwischen schon in der Lage sind, die eine oder andere Tätigkeit zu übernehmen. Bei Bots handelt es sich allerdings um eine etwas andere Art Roboter. Sie sind spezielle Computerprogramme, die selbstständig im Internet bestimmte Aufgaben übernehmen. Man unterscheidet generell zwischen »guten« und »bösen« Bots.

Eigentlich sollen diese speziellen Programme ganz ohne menschliche Hilfe Gutes tun, indem sie die Anwender bei ihrer Tätigkeit im Internet unterstützen. Bots sind also zum Beispiel dann zur Stelle, wenn der Kunde einen Einkauf im Netz tätigt. Sie greifen unterstützend ein, indem sie den Nutzer etwa fragen, wonach er sucht. Diese »guten Bots« können von den Servern zumindest noch insofern beeinflusst werden, als dass klare Grenzen gesetzt werden können, bis wohin die Arbeit der Programme hilfreich ist und ab wann zu sehr in die Privatsphäre der User eingegriffen wird.

Bei den »bösen Bots« sieht das schon etwas anders aus. Sie machen sich zum Beispiel selbstständig auf die Suche nach E-Mail-Adressen, um diese dann für Werbemails freizugeben. Oder sie beeinflussen die Menschen in den sozialen Netzwerken. Hier posten die Bots zum Beispiel »Likes« für bestimmte Inhalte.

Für den menschlichen Nutzer ist es nicht ersichtlich, dass all die »Gefällt mir«-Postings nicht von anderen Menschen stammen, sondern von »Maschinen«. Auf diese Weise können die Besucher bestimmter Seiten beeinflusst und in die Irre geleitet werden, ohne eine Ahnung zu haben, dass sie gerade einem Programm auf den Leim gegangen sind.

Gerade auf diesem Gebiet bleibt die weitere Entwicklung abzuwarten, denn so hilfreich derartige Programme für den Internetnutzer auch sein können, man sollte auch die Kehrseite der Medaille im Auge behalten.

Was ist gemeint, wenn im Netz die Rede von »Spoilern« ist?

Es ist nicht lange her, da dachten die meisten bei dem Begriff »Spoiler« an ein beliebtes Zusatzteil aus der Auto-Tuningbranche. Inzwischen stößt man immer öfter auch im Internet auf den Ausdruck, und das in einem ganz anderen Zusammenhang. Was haben denn aber Tuningteile mit den Medien zu tun und gibt es da einen Zusammenhang?

Der einzige Zusammenhang zwischen beiden Spoiler-Arten besteht wohl in der wörtlichen Übersetzung des Begriffes. Denn »to spoil« stammt aus dem Englischen und bedeutet so viel wie: verderben, beschädigen. Ist man an diesem Punkt der Recherche angekommen, stellen sich mehr neue Fragen, als alte beantwortet werden. Wieso nennt man ein Teil, das in der Autobranche für eine bessere Straßenlage und damit für mehr Sicherheit sorgt, »Verderber«? Wie vieles, was auf den ersten Blick merkwürdig erscheint, hat auch das einen logischen Grund: Ein Spoiler »verdirbt« sozusagen die Strömung der Luft, die über ein Auto fließt. Er lenkt die Luft dabei genau so ab, dass das Auto fester auf den Boden gedrückt wird, was vor allem für schnelle Autos oder im

Rennsport für eine bessere Straßenlage und damit für mehr Sicherheit sorgt. Hier ist der Spoiler also ein »guter Verderber«.

Anders sieht es hingegen mit den Spoilern im Internet oder anderen Medien aus. Hier kann man die Übersetzung »verderben« wirklich wörtlich nehmen. Ein Spoiler ist nämlich nichts anderes als eine Vorwegnahme eines Endes. Das heißt, in einem Spoiler werden Dinge ausgeplaudert, die anderen gehörig den Spaß an der Spannung verderben können. Denn wer möchte von seinem neuen Roman oder Krimi oder bei einer wichtigen Sportveranstaltung bereits vorher erzählt bekommen, wie es ausgeht? Ein Spoiler in den Medien verdirbt also den Spaß, indem er Informationen ausplaudert. Spoiler werden allerdings ganz unterschiedlich eingesetzt und haben nicht immer das Ziel, ganzen Fangemeinden die Freude zu nehmen. Manchmal können Spoiler auch hilfreich sein, zum Beispiel, wenn es darum geht, komplexe Themen kurz vorweg zusammenzufassen. Das ist etwa bei wissenschaftlichen Texten der Fall. Hier kann durch einen Spoiler das Wichtigste in Kürze zusammengefasst werden und man spart somit Zeit.

Generell haben sich inzwischen auch »Spoiler-Warnungen« etabliert . Mit ihrer Hilfe werden alle Interessierten vor dem Einsetzen des Spoilers gewarnt und können selbst entscheiden, ob sie den Ausgang im Voraus erfahren möchten oder nicht. Für alle anderen, die sich nur schnell informieren wollen, bietet der Spoiler genau diese Möglichkeit.

Was ist »Big Data«?

Jeden Tag werden weltweit so viele Daten produziert, dass man sie mit normalen Speichersystemen nicht mehr bewältigen kann. Diese unfassbare Datenmenge wird als »Big Data« bezeichnet. Bei allem, was wir an unseren Computern tun, füttern wir das

System mit riesigen Datenmengen. Das heißt, jeder Klick ist ein Stück mehr Information, die gesammelt wird. Aber wozu werden diese Massen überhaupt gespeichert?

Die Daten werden hauptsächlich gespeichert, um mehr zu erfahren. Denn wenn man eine große Menge an Daten gesammelt hat, kann man sie untersuchen und auswerten. Dabei kann man unter anderem die Vorlieben der User herausarbeiten, um später wieder neue Systeme zu entwickeln, die auf die Interessen der meisten Nutzer abgestimmt sind. Das erleichtert ihnen wiederum den Umgang mit dem Internet. Doch nicht nur der Umgang mit der Vielzahl von Webseiten wird dadurch einfacher. Die Ergebnisse der Auswertungen der Big Data können auch in Medizin und Forschung verwendet werden. Denn wo gibt es mehr freiwillige Daten, die man nutzen kann, als im Internet? Hier tauschen sich die Menschen über alles aus, was sie bewegt. Das kann zum Beispiel hilfreich sein, wenn es um die Verträglichkeit bestimmter Medikamente geht.

Aber auch diese Technologie hat eine Kehrseite: So könnte man sagen, dass wir immer durchschaubarer werden, wenn alle unsere Handlungen nachvollzogen werden könnn. Außerdem machen uns die Daten, die wir wie eine Spur im Netz hinterlassen, zunehmend beeinflussbar. Ob und inwiefern das zu Problemen werden kann, wird die Zukunft zeigen.

Was ist ein »Backlink«?

Ist man im Internet unterwegs, trifft man früher oder später auf sogenannte Backlinks. Das sind nichts anderes als Rückverweise – wie der Begriff bereits vermuten lässt. Das Englische *back* bedeutet »zurück« und ein Link wiederum ist ein Verweis. Diese Rückverweise leiten zu anderen Seiten, die sich mit demselben oder einem ähnlichen Thema beschäftigen wie das vom Nutzer gesuchte. Man könnte auch sagen, es sind Empfehlungen, die weiterhelfen sollen. Durch diese Backlinks wird man automatisch und schnell auf diese Seiten weitergeleitet. Gäbe es diese Verknüpfungen zwischen den Internetseiten nicht, müsste man jede Adresse einer interessanten Seite zunächst erst einmal finden und dann mühsam eintippen. Backlinks erleichtern also die Arbeit und sparen Zeit. Grundsätzlich gilt, je mehr Backlinks eine Seite hat, umso höher ist ihr Stellenwert. Das heißt, dass eine solche Seite dann auch in den Suchmaschinen an schnell zu findenden Stellen auftaucht. Doch die Art der Empfehlung kann (wie beinahe alles im Internet) auch trügerisch sein. Denn ist der Inhalt der eigenen Seite nicht in der Lage, viele Backlinks zu generieren, kann man sie sich auch einfach kaufen. Für Seitenbetreiber ist es schließlich wichtig, so viele User wie möglich auf seine Seite zu bekommen. Aber auch hier ist Vorsicht geboten! Denn der käufliche Erwerb der Backlinks ist zwar nicht strafbar, aber trotzdem äußerst unseriös. Mittlerweile können die großen Suchmaschinen diese Art Manipulationen bereits erkennen, was zur Folge hat, dass die betreffenden Seiten zur Strafe in der Liste der Treffer ganz nach hinten gesetzt werden und damit nur noch wenige Besucher anlocken können.

DINGE DES ALLTAGS

Wofür dienen die Erhebungen auf dem F und dem J bei Tastaturen?

Für diejenigen, die das Zehnfingersystem zum Schreiben auf einer Tastatur gelernt haben, ist es sonnenklar – für alle anderen ist es ein Rätsel. Wofür sind auf dem F und dem J einer jeden Tastatur diese kleinen Balken, die man mit den Fingerkuppen ertasten kann?

Das Stichwort »tasten« bringt ein wenig Licht ins Dunkel. Denn genau dazu dienen die Balken: Man soll sie ertasten, und zwar mit den beiden Zeigefingern. Sie sind nämlich der Ausgangspunkt für die richtige Handstellung, wenn man mit dem Zehnfinger-

system schreibt. Von dieser Position aus weiß dann derjenige, der mit dem System arbeitet, wo sich die anderen Buchstaben befinden. Das erleichtert die Arbeit ungemein, denn man muss nicht mehr ständig vom Bildschirm weg und auf die Tastatur schauen, um zu sehen, wo sich die jeweiligen Buchstaben befinden. Wenn man einen Kurs besucht beziehungsweise diese Schreibtechnik in der Schule gelernt hat, braucht es nur ein wenig Übung, bis man die verschiedenen Positionen der Buchstaben auswendig kennt. Dann legt man nur noch die Zeigefinger auf die Ausgangsbuchstaben F und J und schon kann es losgehen.

Warum kommt bei beiläufigen Telefonkritzeleien so oft das Auge als Zeichnung vor?

Fast jeder kennt die Situation: Man befindet sich in einem längeren Gespräch am Telefon, hat Stift und Papier zur Hand und fängt an, nebenbei kleine Kritzeleien anzufertigen. Warum finden sich unter diesen Zeichnungen immer wieder auch Augen? Auftraggeber ist das Gehirn, das während eines langen Gespräches (außer es handelt sich um anstrengende oder aufreibende Themen) in eine gewisse Langeweile verfällt. Also sucht es sich eine Beschäftigung, in diesem Fall Stift und Papier. Obwohl Langeweile oft der perfekte Ausgangspunkt für kreatives Schaffen ist, handelt es sich bei den Telefonkritzeleien ja doch um eine, man könnte sagen, »Nebentätigkeit«. Das heißt, das Gehirn ist gleichzeitig mit dem Telefonat beschäftigt, kann also nicht seine volle Aufmerksamkeit auf die Zeichnung lenken. Was dann gemalt wird, ist also eher intuitiv oder unterbewusst.

Augen spielen in der menschlichen Natur eine überlebenswichtige Rolle. An ihrem Ausdruck kann abgeschätzt werden, in welcher Situation man sich befindet. In früheren Zeiten war das von größter Wichtigkeit. So konnten Gefahr, Stress und sämtliche anderen Gefühlslagen des Gegenübers eingeschätzt werden, damit man möglichst richtig reagieren konnte. Heute hängt davon zwar nicht mehr das Überleben ab, aber es ist immer noch in vielen Situationen unabdingbar, dass man den anderen Menschen einschätzen können muss.

Das heißt also, der Mensch und damit auch sein Gehirn sind auf gewisse Weise fasziniert von Augen. Nicht umsonst sagt man, dass die Augen der Spiegel zur Seele sind. Und wegen ebendieser instinktiven Faszination lässt uns unser Gehirn in Momenten der Langeweile oft nebenbei und im wahrsten Sinne des Wortes »unterbewusst« Augen zeichnen.

Warum gibt es eigentlich noch Nichtraucherzeichen in den Flugzeugen?

Inzwischen hat sich wohl auf der ganzen Welt herumgesprochen, dass man in Flugzeugen nicht mehr rauchen darf. Warum blinken dann immer noch die Nichtraucherzeichen auf?

Zum einen ist es bei einigen Fluggesellschaften noch gar nicht so lange her, dass man in den Kabinen rauchen konnte. Bei der staatlichen Fluggesellschaft von Kuba ist das Rauchen zum Beispiel erst seit 2014 verboten. Zum anderen sind weltweit immer noch sehr viele Flugzeuge aus den 70er- oder 80er-Jahren unterwegs. Da das Rauchen während des Fluges zu jener Zeit generell noch erlaubt war, befinden sich in den Maschinen auch heute noch Aschenbecher in den Lehnen und Nichtraucherzeichen in den Armaturen. Diese Vorrichtungen zu entfernen wäre ein kostspieliges Unterfangen für die Fluggesellschaften. Außerdem denkt man, dass das Nichtraucherzeichen eine unterbewusste Auswirkung auf Raucher haben kann. Denn bei einem Flug, der mehrere Stunden dauert, kann es manchmal für den Kopf durchaus hilfreich sein, wenn das kleine Zeichen immer wieder daran erinnert, dass das Rauchen immer noch strikt verboten ist.

Last but not least gibt es auf dieser Welt immer noch Menschen, die noch nie zuvor geflogen sind und manchmal gar nicht wissen, dass sie während eines Fluges nicht rauchen dürfen.

Warum muss man im Flugzeug bei Start und Landung immer den Sitz in die richtige Position bringen?

Dass es sich bei dieser Vorschrift um eine Sicherheitsmaßnahme handelt, ist wahrscheinlich jedem klar, der schon einmal geflogen ist. Aber was sollen die aufrechten Stuhllehnen und die eingeklappten Tischchen im Notfall bewirken?

Die aufrechte Sitzposition bei Start und Landung hat zwei Funktionen:

1. Zeitersparnis,
2. Sicherheit.

Die gefährlichsten Momente während eines Fluges sind tatsächlich Start und Landung. Deshalb weisen die Fluglinien in ihren Sicherheitsbestimmungen immer ausdrücklich darauf hin, dass in diesen Phasen die Lehnen senkrecht gestellt und die Tischchen eingeklappt werden sollen. Im Notfall können die Passagiere dann schneller aussteigen, als wenn sie sich erst durch verengte Sitzpositionen ihren Weg suchen müssen. Außerdem stellen die ausgeklappten Tischchen eine Verletzungsgefahr dar. Wird der Passagier durch Turbulenzen oder einen Aufprall nach vorne geschleudert, kann er sich an diesen ernsthafte Verletzungen zuziehen.

Die vorgeschriebenen Sitzpositionen können also im Notfall lebensrettend sein und sollten deshalb immer beachtet werden.

Warum ist in den Scheiben von Flugzeugen immer ein kleines Loch?

Das kleine Loch, das man in jeder Scheibe entdecken kann, wenn man in einem Flugzeug sitzt, gibt keinen Grund zur Verunsicherung. Ganz im Gegenteil – es dient der Sicherheit der Passagiere. Denn bei dem kleinen Loch handelt es sich um ein sogenanntes »Atmungsloch«. Diese Atmungslöcher sind vor allem in der Luftfahrt extrem wichtig, um den Druck, der auf den Scheiben der Flugzeuge lastet, wenn sie an Höhe gewinnen, auszugleichen. Flugzeugfenster bestehen nämlich nicht nur aus einer Scheibe, sondern aus drei. Die äußerste ist direkt mit dem Flugzeug verbunden, während die beiden inneren Scheiben in die Verkleidung im Innenraum eingelassen sind. Zwischen den inneren und der äußeren Scheibe entsteht dadurch ein kleiner Hohlraum. Damit in diesem Hohlraum der Druck zwischen der Kabine und dem Außenfenster während eines Fluges ausgeglichen werden kann, ist ein Loch nötig – das Atmungsloch. Würde man dieses »Ventil« weglassen, würden die Fenster ab einer gewissen Höhe einfach zerbersten.

Doch das Atmungsloch zwischen den Scheiben erfüllt noch einen weiteren Zweck. Es sorgt dafür, dass sich zwischen den Scheiben nicht zu viel Kondenswasser sammelt, damit der Passagier den freien Blick nach draußen genießen kann.

Muss man Medikamente nach Ablauf des Verfallsdatums wirklich gleich entsorgen?

Genauso wie bei Lebensmitteln sollte man immer daran denken, dass das Verfallsdatum auf Englisch *best before* heißt. In diesem Fall trifft die englische Bezeichnung besser als die deutsche. Alles, was mit einem Verfallsdatum versehen ist, ist also »am besten vor …«. Was noch lange nicht heißt (so wie es das deutsche Wort impliziert), dass der Artikel nach dem genannten Datum »verfallen« ist. Es geht dabei hauptsächlich um eine Empfehlung des Herstellers und dessen Absicherung vor eventuellen Schäden.

Bei den Medikamenten ist die Sache mit dem Verfallsdatum eine besondere. Denn sicherlich werden alle Medikamente früher oder später unwirksam und manche auch gesundheitsschädlich. Wann das der Fall ist, hat es in den meisten Fällen jedoch nichts mit dem angegebenen Verfallsdatum zu tun. Bei diesem Datum handelt es sich um den Zeitraum, in dem der Hersteller die Wirksamkeit und Verträglichkeit des Medikaments garantieren kann und will. Es gibt Medikamente, die durch ihre Zusammensetzung tatsächlich nur bis zu einem gewissen Moment haltbar sind. Aber es gibt auch andere, bei denen nie ganz ausgetestet wurde, ab wann sie »verfallen«. Hier kommt es auf den Hersteller an, wie lange er bereit ist, die Verantwortung zu übernehmen. Außerdem ist es eine wirtschaftliche Frage für das Unternehmen, denn je länger die Medikamente haltbar sind, umso seltener müssen neue gekauft werden. Bei manchen Arzneimitteln konnte eine Haltbarkeit festgestellt werden, die weit über dem angegebenen Datum lag. Derartige Tests sind allerdings nicht für den eigenen Hausgebrauch zu empfehlen! Man sollte sicherheitshalber lieber in eine neue Packung investieren.

Warum sind Generika günstiger als Medikamente namhafter Hersteller?

Ein neues Medikament zu entwickeln ist mit großem Aufwand verbunden. Da ist zum einen die Forschung, die finanziert werden muss, und zum anderen sind da die Tests, die gemacht werden müssen, um zu sehen, ob das neue Medikament wirklich hilft und vor allem nicht schadet. Das alles verschlingt viel Zeit und natürlich Geld. Für die namhaften Hersteller lohnen sich diese Ausgaben aber trotzdem, da sie, wenn das Medikament zugelassen wird, ein Patent auf dessen Zusammensetzung anmelden können. In der Zeit, in der das Patent angemeldet ist, hat die jeweilige Firma das Monopol auf die Herstellung und den Verkauf. Das heißt, kein anderer Hersteller darf in dieser Zeit das Medikament herstellen oder verkaufen. In dieser Phase können so die Kosten, die während der Entwicklung entstanden sind, wieder eingenommen sowie zusätzlich Gewinne generiert werden. Es ist also verständlicherweise der Gewinn, der Hersteller dazu veranlasst, neue Medikamente zu entwickeln und die bestehenden weiterzuentwickeln. Denn es sind hauptsächlich die Einnahmen der patentierten Medikamente, mit deren Hilfe die Firmen wiederum in neue Forschungen investieren können.

Generika sind sozusagen Kopien »echter« Medikamente. Sobald das Patent auf ein Medikament für die Herstellerfirma abgelaufen ist, können auch andere das »Rezept« der Zusammensetzung verwenden. Dafür müssen sie keine Forschungen betreiben und haben deshalb viel weniger Kosten als die Firma, die ein Medikament neu entwickelt hat. Das wirkt sich natürlich auf den Preis aus. Die Firmen, die ein Medikament kopieren, können es weitaus günstiger verkaufen. Das gilt allerdings für alle Hersteller, sodass versucht wird, die jeweils anderen zu unterbieten. In diesem Fall zählt die Masse der verkauften Produkte. Für den Verbraucher ist es letzten Endes egal, für welches Produkt er sich entscheidet. Die einen haben mehr Vertrauen in den Markenhersteller, die anderen bevorzugen die günstigere Variante. Es bleibt letztlich jedem Kunden selbst überlassen, für welches Medikament er sich entscheidet.

Warum werden die Hemden bei Männern andersherum geknöpft als bei Frauen?

Inzwischen ist dies etwas überholt, früher allerdings war das anders. Damals konnte man die Hemden der Männer ganz klar von denen der Frauen unterscheiden: Herrenhemden waren so genäht, dass Knöpfe immer rechts angebracht waren. Die Blusen der Damen waren dagegen links geknöpft. War das eine Erscheinung der Mode oder gar eine Frauen diskriminierende Erfindung? Die Antwort: Keines von beidem ist der Fall. Das Knöpfen der Hemden hatte rein praktische Gründe. Denn in der Zeit, in der man begann, Hemden mit Knöpfen zu versehen, trugen die Männer noch Waffen und die Frauen (die Blusen trugen) hatten Zofen (Bedienstete). Es war also ungefähr im 16. Jahrhundert, als diese neue modische Wende aufkam. Für die Männer, die auch damals meistens Rechtshänder waren und deshalb ihre Waffen an der linken Hüfte trugen, war es schlicht praktischer, dass die offene Seite der Knöpfung auf der rechten Seite war. Man knöpfte das Hemd also so zu, dass es sich im Falle eines Kampfes nicht mit der Waffe verheddern konnte, die mit der rechten Hand von der linken Hüfte gezogen wurden.

Bei den Frauen war die Art der Knöpfung im Grunde genauso praktisch gedacht, wenn auch aus einem völlig anderen Grund. Zur der Zeit, in der die Bluse für die Frau in Mode kam, konnten sich nur wenige und gut betuchte Damen das modische Accessoire leisten. Es handelte sich also hauptsächlich um Frauen, die sich entsprechend ihres Standes nicht selbst anzogen. Sie ließen sich von ihren Zofen ankleiden. Die Zofen waren, wie die Männer auch, meistens Rechtshänderinnen, sodass es für sie einfacher war, wenn die Bluse links geknöpft wurde. Sie konnten dadurch mit der rechten Hand die Knöpfe durch die Knopfleiste schieben, die sie mit der linken festhielten.

Warum fallen Smartphones, wenn sie einem aus der Hand gleiten, immer auf das Display?

Wem es schon einmal passiert ist, der kennt den Effekt: Das Handy gleitet einem aus der Hand, fällt zu Boden – und wo landet es? Richtig! Auf dem Display. Dieser ärgerliche Moment erinnert irgendwie an den »Butterbrot-Effekt«, denn das landet ja bekanntlich auch mit der Butterseite nach unten auf dem Boden. Aber woran liegt es, dass die Handys immer genau so aufkommen, dass sie auf der empfindlichen Glasscheibe landen?

Inzwischen haben sich sogar Forscher der Sache angekommen und herausgefunden, dass es an bestimmten (physikalischen) Kräften liegt, warum das Übel diesen Lauf nimmt. In dem Moment, in dem das Handy aus der Hand rutscht, wird es von der Erdanziehungskraft nach unten gezogen. Dadurch, dass die kleinen Geräte aber relativ leicht und schmal sind, drehen sie sich während des Falls und landen zu fast 100 Prozent auf dem Display. Man kann sagen, dass ein Smartphone leider genau so beschaffen ist, dass es perfekt eine solche Drehung macht, um am Ende genau umgedreht auf dem Boden zu landen. Wären die Geräte etwas rauer, schwerer oder breiter, wäre es nicht mehr ganz so sicher, dass sie mit der Glasseite auf dem Boden aufkommen. Denn dann würde das Handy langsamer fallen und hätte die Möglichkeit, sich ein zweites Mal zu drehen, um mit der unempfindlicheren Seite aufzuschlagen.

Woran liegt es, dass bestimmte Muster oder Farben einer Kleidung der Figur schmeicheln oder sie ungünstig betonen?

Früher oder später erreichen Frau und auch Mann die Hinweise der Modezeitschriften, dass bestimmte Muster oder Farben das Erscheinungsbild einer Person beeinflussen können. Ist das wirklich so oder ist es letztlich doch eher Humbug?

Die Antwort lautet: Ja, es stimmt. Die Figur eines Menschen kann durch Muster oder Farben der Kleidung vorteilhaft oder unvorteilhaft betont werden. Dabei spielt die Wahrnehmung unseres

Gehirns eine wichtige Rolle. Schauen wir uns zunächst verschiedene Muster an: Das Muster, bei dem dies besonders deutlich wird, sind wohl Streifen, Längs- und Querstreifen. Trägt jemand zum Beispiel ein Oberteil mit Längsstreifen, wandern die Augen des Betrachters von oben nach unten und umgekehrt. Das heißt, der Blick streckt die Person automatisch, sie wirkt länger. Hätte derjenige ein Oberteil mit Querstreifen an, würden die Augen nicht nach oben und unten wandern, sondern von einer Seite zur anderen. Der Blick folgt also der Breite. Und genau das ist es, was das Gehirn unterbewusst verarbeitet: Bei Längsstreifen zieht es den Blick und damit die Person in die Länge – bei Querstreifen dagegen in die Breite. Auf diese Weise erscheint derselbe Mensch mal mehr und mal weniger schlank.

Bei Farben ist dies ähnlich, hier werden wir sozusagen Opfer einer optischen Täuschung. Je dunkler die Farbe ist, umso schmeichelnder wird sie von unseren Augen wahrgenommen. Das liegt daran, dass zum Beispiel Schwarz mehr Licht »schluckt« als Weiß. Man kann, schlicht gesagt, bei dunklen Farben weniger erkennen. Hat man zum Bespiel eine weiße Hose an, wird das Licht stärker reflektiert, was zur Folge hat, dass damit auch Schatten und Formen hervorgehoben werden. Diese »Auffälligkeiten« nimmt das Auge wahr und wertet sie als üppiger. Trägt man eine schwarze Hose, verschluckt die dunkle Farbe einen Teil des Lichtes und damit auch die Unebenheiten und Schatten.

Wozu dient das kleine Loch, das jedes Vorhängeschloss hat?

Wenn man genau hinsieht, kann man an jedem Vorhängeschloss direkt neben dem Schlüsselloch ein kleines Loch entdecken. Meistens macht man sich über diese Art »Nebensächlichkeiten« keine großen Gedanken, dennoch lohnt sich ab und zu ein genauerer Blick. Denn auch diese unscheinbare Öffnung ist nicht zufällig dort, sondern erfüllt einen ganz bestimmten Zweck: Sie dient der Belüftung. Durch den Schließmechanismus kann im Laufe der Zeit Feuchtigkeit in das Schloss geraten. Wird der Mechanismus dann nicht ständig bewegt, fängt er an zu rosten, was zur Folge hat, dass man das Schloss nur noch schwer beziehungsweise gar nicht mehr öffnen kann. Durch die kleine Öffnung kann genügend Luft in das Schloss eindringen, um das zu verhindern.

Warum ist die OP-Kleidung der Ärzte grün?

Inzwischen muss OP-Kleidung nicht mehr unbedingt grün sein. Es gibt einige Krankenhäuser, in denen die Ärzte während einer Operation ganz in Blau oder in andere Farben gekleidet sind. Sinn und Zweck der Farben ist, dass man einen Arzt, der sich im OP-Bereich aufhält, von anderen unterscheiden kann. Das ist wichtig für die Hygiene; außer in absoluten Ausnahmefällen sollte sich ein Arzt, der sich gerade in einem Operationsraum befand, nicht woanders im Krankenhaus aufhalten, denn es könnten ungewollt Krankheitskeime eingeschleppt werden.

Befindet sich der Arzt nicht im OP-Bereich, trägt er Weiß. Doch auch diese Farbe hat nicht nur die Symbolkraft der Reinheit, sondern auch eine ganz praktische: Auf der weißen Kleidung ist jede Verschmutzung sofort zu sehen. Der Arzt kann sie in diesem Fall gleich wechseln und vermeidet dadurch, dass Patienten sich mit Keimen infizieren.

Was ist ein »Phantomstau« und wie entsteht er eigentlich?

Die Freude ist groß, wenn man sich in einem Stau befindet und nach scheinbar endlos langer Wartezeit endlich an der Ursache des Staus vorbeifährt. Die Gründe für einen Stau sind in der Regel Unfälle oder Baustellen. Man ist irgendwie beruhigt, wenn man eine Erklärung für das Warten bekommt und erfährt, warum man die unangenehme Zeit im Stau verbringen musste.

Ganz anders ist das bei einem sogenannten »Phantomstau«. Diese Staus treten ebenso plötzlich auf, wie sie wieder verschwinden, während man vergeblich auf eine Erklärung wartet. Inzwischen nimmt diese Art von Stau zu, was mit dem immer höheren Verkehrsaufkommen auf unseren Straßen zusammenhängt. Wie entstehen diese Staus aus dem Nichts? Und was kann man als Einzelner dagegen tun?

Verursacht werden die meistens kurz andauernden Staus wie gesagt durch das hohe Verkehrsaufkommen. Denn auf Straßen, die voll sind, reicht oft ein kleiner Auslöser, um den Verkehrsfluss ins Stocken zu bringen. Im Falle der Phantomstaus gibt es drei Hauptauslöser:

1. häufiger Spurwechsel,
2. zu dichtes Auffahren,
3. gaffen.

Allen Auslösern ist eines gemein: das kurze Abbremsen. Bei einem Spurwechsel ist häufig einer der Verkehrsteilnehmer gezwungen zu bremsen, bis sich derjenige, der die Spur wechselt, eingegliedert hat. Dasselbe passiert bei zu dichtem Auffahren. Ganz zu schweigen von den Gaffern, die zum Beispiel unbedingt einen Unfall auf der Gegenfahrbahn beobachten müssen und dafür ihr Tempo verringern. Das Bremsen wirkt sich in allen drei Fällen auf die nachkommenden Autos aus. Man könnte es mit einer Welle vergleichen, die sich von demjenigen, der als Erstes bremst, ausbreitet. Sie wird von Fahrzeug zu Fahrzeug weitergegeben. Leider muss bei dieser »Übertragung« immer der Hintermann noch etwas mehr bremsen als der Vordermann. Es dauert nicht lange und schon hat sich der Phantomstau zusammengebraut.

Welche Lösungen gibt es, um diese Art Stau zu vermeiden? Da wäre zum einen die vorrausschauende Art, mit der jeder sein Fahrzeug so steuern könnte, dass kein ständiges Abbremsen nötig wäre. Auf diese Weise könnten viele dieser Staus vermieden werden. Da aber viele ihre Fahrweise nicht verändern werden, befasst sich die Forschung schon seit Längerem mit dem Thema. Das Ergebnis: Früher oder später werden Autos mit Sensoren und Rückmeldesystemen ausgestattet sein, die vorzeitig und eigenmächtig reagieren, sodass der Fluss im Verkehr nicht unterbrochen wird. Außerdem werden die aktuellen Meldungen an die anderen Fahrzeuge weitergegeben. Wenn dann alle gleichzeitig reagieren, könnten Phantomstaus, wenn auch nicht ganz verhindert, so aber zumindest vermindert werden.

Ist es wirklich gefährlich, wenn sich Flugzeuge in der Luft zu nahe kommen?

Die Behauptung, dass es gefährlich werden könne, wenn sich Flugzeuge in der Luft zu nahe kommen, ist keineswegs falsch. Denn jedes Flugzeug zieht durch seine Bewegung in der Luft Wirbel nach sich, ähnlich den Wellen, die von Schiffen erzeugt werden. Fliegt ein anderes Flugzeug in diese Verwirbelungen, kann es in gefährliche Turbulenzen geraten. Die Verwirbelungen hinter einem Flugzeug nennt man »Wirbelschleppen«. Wie stark sie sind, ist abhängig von dem Gewicht des Fliegers und der Höhe, in der er sich befindet. Aufgrund dieser Wirbelschleppen hat der Bundesverband der Deutschen Luftverkehrswirtschaft bestimmte Wirbelschleppkategorien ins Leben gerufen, durch die genau festgelegt ist, welcher Abstand eingehalten werden muss. Aus den Daten wie Gewicht des Flugzeuges, Abstand zum nächsten Flughafen, Flughöhe und Wirbelschleppkategorie kann dann der Abstand ausgerechnet werden, der nötig ist, um Probleme mit anderen Maschinen zu verhindern.

Im Schnitt müssen laut dieser Berechnung in der Luft ungefähr 9 Kilometer zwischen den Maschinen liegen. Befindet sich das Flugzeug im Landeanflug beziehungsweise in der Nähe eines Flughafens, verkürzt sich die Distanz bis auf circa 4 Kilometer. Dabei handelt es sich allerdings um ungefähre Angaben, weil der genaue Abstand wie gesagt auch vom Gewicht und der Höhe abhängt. So beträgt der Höhenabstand zum Beispiel generell mindestens etwas über 300 Meter. In größeren Höhen verdoppelt sich der Abstand auf circa 600 Meter. Mithilfe dieser Berechnungen können also die Abstände zwischen den Maschinen genau festgelegt werden – und einem sicheren Flug steht nichts mehr im Weg.

Wozu haben Kühe Glocken um den Hals?

Wenn man sich aufs Land oder auf eine Alm begibt, stößt man unweigerlich auf das typische Bild der Kühe mit großen Glocken um den Hals. Es gehört einfach zum Bild einer perfekten ländlichen Idylle, und meistens nimmt man es wohlwollend wahr, denkt aber nicht weiter darüber nach. Aber nein, diese überdimensionierten Glocken dienen weder der Verschönerung der Kuh noch dem beruhigenden klanglichen Hintergrundbimmeln der Almwiese. Die Kuhglocke hat einen ganz praktischen Sinn.

Früher band man sie den Tieren aus Sicherheitsgründen um, und das ist bis heute so geblieben. Denn falls sich eine der Kühe einmal zu weit von der Herde entfernt oder sich verläuft, kann man sie durch das Gebimmel leichter ausfindig machen. Außerdem diente die Glocke in früheren Zeiten auch dazu, Fressfeinde wie Wölfe abzuschrecken. Bei schlechter Witterung, wenn es auf und in den Bergen sehr neblig wird, ist es für den Landwirt wesentlich einfacher, seine Tiere nach dem Gehör zu suchen, als im wahrsten Sinne des Wortes im Nebel zu stochern. Viele Bauern sagen sogar, dass sie das Gefühl haben, dass die Glocke von den

Tieren auch mit einigem Stolz getragen wird. Denn sie wird immer der ranghöchsten Kuh umgebunden, da ihr die ganze Herde folgt. Es heißt, man könne den Kühen ihren Stolz fast ein bisschen ansehen.

Warum kommt einem ein Wort, wenn man es lange anschaut, irgendwann so fremd vor?

Wenn man ein bestimmtes Wort aufschreibt – und dabei ist es völlig egal, um welches Wort es sich handelt – und lange anstarrt, kommt früher oder später der Moment, an dem einem das Wort seltsam fremd und unverständlich vorkommt. Handelt es sich um einen Streich, den uns unser Gehirn spielt? Die Antwort auf diese Frage ist genauso verblüffend wie einfach: Jeder Begriff hat eine Bedeutung. Wenn man ihn auf ein Blatt schreibt, versucht man also, die Bedeutung des Wortes in Schriftform zu bringen. Schrift ist allerdings nichts anderes als ein Code bestimmter Symbole (in diesem Fall Buchstaben), der für das Auge sichtbar ist. Starrt man also lange genug auf die Anhäufung der Symbole, verliert sich langsam die Bedeutung des Wortes. Die Symbole oder Buchstaben sind dann nur noch Schriftzeichen auf einem Blatt und sozusagen auf ihr Bedeutungsminimum reduziert. Sie ergeben keinen Sinn mehr. Das Gleiche passiert, wenn man ohne Kenntnis einer bestimmten Sprache und deren Schrift versucht, ein Wort zu verstehen. Man kann ihm keine Bedeutung beimessen. Das kennt ein jeder, der schon einmal versucht hat, chinesische Schriftzeichen zu verstehen. Bei einer bekannten Schrift geht es einem nach einiger Zeit genauso, die Bedeutung verliert sich und man sieht nur noch Buchstaben, die aneinandergereiht sind.

Etwas Ähnliches passiert, wenn man ein Wort immer wieder wiederholt. Irgendwann verliert es seine Bedeutung und kommt einem seltsam fremd vor.

Kommt der Halloween-Brauch wirklich aus Amerika?

Auch hierzulande wird es immer populärer, Halloween zu feiern. Die Bräuche, die zum Halloweenfest gehören, sind bekannt: Kürbisse werden zu unheimlichen Fratzen geschnitzt und erleuchtet. Alles, was man an schauerlicher und gruseliger Dekoration auftreiben kann, wird im und um das Haus herum aufgebaut. Und zu guter Letzt ziehen die zu Zombies und Geistern gewordenen Kinder von Haus zu Haus und fordern Süßes, weil es sonst nämlich Saures gibt. Doch woher kommt dieser merkwürdige Brauch eigentlich? Auch hier sind sich die meisten einig: aus den Vereinigten Staaten, natürlich! Schließlich kennt man das schaurige Treiben schon lange aus all den amerikanischen Filmen, die über den großen Teich geschwappt sind, und mit ihnen auch der Halloween-Brauch.

Aber halt – weit gefehlt! Denn der Halloween-Brauch kommt ursprünglich keineswegs aus den USA, sondern aus Irland. Dabei entstand auch der Brauch der Halloween-Laterne. Die irische Geschichte lautet in etwa so:

Vor langer Zeit lebte in Irland ein Schmied namens Skinny Jack. Er war ein ungemütlicher Zeitgenosse, der dem Alkohol zugetan und bei den anderen Dorfbewohnern als geizig verschrien war. Als er eines Abends vor Allerheiligen wieder in seinem Stammlokal saß und bereits sein zehntes Bier trank, betrat der Teufel selbst das Lokal. Er nahm neben Jack Platz und teilte ihm mit, dass er ihn nun mit in sein Reich der Finsternis nehmen werde, da seine Zeit gekommen sei. Skinny Jack bat den Teufel aber noch um ein letztes Bier. Da der Teufel kein Geld besaß, verwandelte er sich kurzerhand selbst in eine Münze. Der geizige Jack aber machte keine Anstalten, sich ein weiteres Bier zu kaufen, sondern steckte die Teufelsmünze in seine Hosentasche. In dieser befand sich aber auch ein Kruzifix, das es dem

Teufel unmöglich machte, sich zurückzuverwandeln. In seiner Verzweiflung schlug der Teufel Skinny Jack einen Handel vor: Wenn er ihn aus der Hosentasche befreien würde, dürfte er noch ein ganzes Jahr länger leben. Und so geschah es. Als der Teufel dann ein Jahr später kam, um Jack mit sich zu nehmen, wendete dieser wieder eine List an. Er bat den Teufel, ihm einen allerletzten Wunsch zu erfüllen und ihm einen Apfel zu pflücken. Da der Teufel darin keine List erkennen konnte, stieg er auf einen Apfelbaum, um die Frucht zu holen. Doch als er sich gerade auf dem Baum befand, ritzte Jack mit seinem Messer ein Kruzifix in den Baum, sodass der Teufel wieder gefangen war. Erst als der Teufel versprach, dass er Jacks Seele auf immer und ewig in Frieden lassen würde, half er ihm vom Baum. Doch einige Zeit später starb Jack eines natürlichen Todes. Als seine Seele an den Himmelspforten ankam, wurde sie wegen ihrer frevelhaften Taten sofort in die Hölle verbannt. Doch auch hier wollte keiner Jacks Seele haben, denn der Teufel hatte schließlich ein Versprechen abgegeben. Also verdammte er die Seele dazu, in dunkler Kälte wandeln zu müssen. Doch selbst der Teufel hatte ein wenig Mitleid mit der armen verdammten Seele und gab ihr deshalb ein Stück glühende Kohle mit in die Dunkelheit. Die Seele von Skinny Jack nahm eine alte, ausgehöhlte Rübe und steckte das Stück Kohle hinein. Seit jener Zeit wandelt die Seele von Skinny Jack in der Nacht vor Allerheiligen mit ihrer Laterne durch die Welt. Die aufgestellten Rüben, die der Laterne der rastlosen Seelen ähneln sollten, dienten dazu, die bösen Geister von den Häusern der Menschen fernzuhalten und der Toten zu gedenken. Im Englischen nannte man dieses Gedenken »All-hallows«, woraus mit der Zeit der Begriff »Halloween« entstand.

So viel zu der Geschichte, die hinter dem Halloween-Brauch steckt. Erst mit den irischen Aussiedlern, die im 19. Jahrhundert nach Amerika auswanderten, gelangte auch die Geschichte von Skinny Jack auf den anderen Kontinent. Nachdem es aber in Amerika einfacher war, an Kürbisse zu gelangen als an Rüben, fing man an, die Fratzen für die Laternen in die Kürbisse zu schnitzen.

Was passiert beim »Fracking«?

Fracking ist der Begriff für eine neue Art der Energiegewinnung. Mit dieser Methode lassen sich Erdgas- beziehungsweise Erdölvorkommen, die tief unter der Erde vergraben sind, zutage fördern. Allerdings wirft diese Methode, an neue Rohstoffe zu gelangen, einige Diskussionen auf. In Deutschland geht es beim Fracking hauptsächlich um die Erdgasvorkommen, die unter der Erde schlummern und das Land über viele Jahre mit Energie versorgen könnten. Um zu verstehen, warum das Fracking, das ja eigentlich ein toller Plan B zu den Braunkohlevorkommen oder der Atomenergie wäre, trotzdem umstritten ist, muss man wissen, wie das Ganze funktioniert:

Zuerst wird circa 1000 Meter in die Tiefe gebohrt. Denn dort unten sind die wertvollen Rohstoffe im Gestein eingeschlossen. Dann wird eine Mischung aus Chemikalien, Sand und Wasser in das Gestein gepumpt. Der starke Druck, der dabei entsteht, hat zur Folge, dass die Steinschichten aufreißen und das Gas freigeben. Das Gemisch aus der Flüssigkeit und dem Gas, das dabei entstanden ist, wird dann nach oben gepumpt.

In diesem Moment entstehen die Probleme, die das Fracking mit sich bringen kann, aber nicht muss. Zum einen dürfen sich das Gas und der Mix aus Chemikalien nicht mit dem Grundwasser vermischen, sonst hätten wir am Ende beides in unserem Trinkwasser. Das gelingt anscheinend reibungslos, weil die Bohrungen in viel tieferen Schichten stattfinden als in denjenigen, in denen das Grundwasser gespeichert ist. Zum anderen muss das Bohrwasser, das wieder oben ankommt und voller Chemikalien ist, umweltschonend entsorgt werden. Inzwischen gibt es viele Stimmen, die behaupten, dass beides nicht klappt und die giftigen Chemikalien deshalb ein echtes Problem darstellen, das unbedingt gelöst werden muss.

Sollte das allerdings gelingen, bietet das Fracking ein neues und umweltschonendes Verfahren, mit dem man Rohstoffe gewinnen kann. Das Problem ist wohl auch die fehlende Erfahrung mit der Methode. Da das Fracking eine relativ neue Entwicklung ist, weiß niemand, wie sich diese Art der Energiegewinnung auf Dauer wirklich auf die Umwelt auswirkt.

Woraus besteht eigentlich Holz?

Ohne Holz geht auch in unserer Zeit vieles nicht. Der Rohstoff wird in unterschiedlichsten Lebensbereichen genutzt, sodass man es sich ohne ihn gar nicht vorstellen kann. Wir brauchen Holz nicht nur zum Heizen, sondern auch für Papier, zur Herstellung von Möbeln, Instrumenten und ganzen Gebäuden. Holz ist einer der meistverwendeten Rohstoffe und wegen seiner Festigkeit auch einer der stabilsten. Holz ist beinahe überall und daher so selbstverständlich und alltäglich, dass man es oft gar nicht mehr wahrnimmt. Deshalb macht man sich auch selten Gedanken darüber, woraus Holz eigentlich besteht.

Holz ist das Gewebe von vielen Pflanzen, ähnlich dem Gewebe beim Menschen. Es wächst direkt unter der Haut, bei Bäumen, Sträuchern und anderen Gehölzen also direkt unter der Rinde. Generell unterscheidet man zwischen Laub- und Nadelhölzern.

Der Stamm eines Baumes enthält verschiedene Schichten: außen die Rinde, dann folgt das Kambium, als Nächstes das Splintholz und ganz im Inneren das Kernholz. Die Rinde besteht aus toten Holzzellen, die das Innere des Stammes schützen sollen. Im

Kambium, das sich direkt unter der Rinde befindet, werden die neuen Holzzellen gebildet. Hier findet also das Wachstum statt. Im Frühling werden die Zellen im Kambium größer und bilden mehr neue Holzzellen. Im Herbst und Winter schrumpft es wieder. Durch dieses Dehnen und Zusammenziehen entstehen die unterschiedlichen Ringe im Inneren der Bäume. Anhand dieser Ringe beziehungsweise deren unterschiedlichen Färbungen kann man dann ganz einfach das Alter des Baumes ablesen.

Nach dem Kambium kommt das Splintholz, das die letzte Schicht vor dem Kern des Stammes ist. Es ist ebenfalls ein sehr lebendiger Teil des Stammes und wie ein Röhrensystem aufgebaut. Durch diese »Holzröhren« wird der Baum mit Wasser und Nährstoffen versorgt. Man könnte es auch mit dem Kreislaufsystem des Menschen vergleichen. Ganz im Inneren des Stammes liegt dann das Kernholz. Es besteht wie die Rinde aus toten Holzzellen. Diese sind, im Gegensatz zu den äußeren Zellen, mit Harzen und Gerbstoffen getränkt, sodass sie extrem fest sind. Sie geben dem Stamm die Stabilität.

Das Holz selbst, egal in welchem Teil der Pflanze es sich befindet, besteht ungefähr zur Hälfte aus Zellulose. Zellulose ist eine chemische Verbindung, die hauptsächlich aus Zuckerstoffen besteht. Zusammen mit den beiden anderen Grundbaustoffen, Hemicellulose (auch eine Verkettung von Zuckerstoffen) und Lignin (ein Verstärker für die Zellwände), entsteht am Ende das, was wir als Holz bezeichnen.

Hinter dem alltäglichen Rohstoff Holz steckt also mehr, als man gemeinhin annimmt.

Wie bekommt man einen Baukran, der zum Ende eines Baus ganz oben auf einem Wolkenkratzer steht, wieder auf den Boden?

Es ist ein faszinierender Anblick, wenn ein Kran nach der Fertigstellung eines Wolkenkratzers noch hoch oben auf der Spitze des Gebäudes steht. Man stellt sich in diesem Moment automatisch die Frage, wie die Bauarbeiter diesen Riesen zum Schluss wieder heil auf die Erde bekommen wollen.

Dafür haben sich Ingenieure zwei Lösungen einfallen lassen:

1. Der Kran wird nach unten geflogen: Der Kran wird zerlegt, so weit es geht, und dann mit einem Lastenhubschrauber abtransportiert. Auf diese Weise ist er meistens auch auf das Haus gekommen.

2. Der Kran wächst mit dem Gebäude: Dazu wird der Kran immer nur circa zwei Stockwerke unter dem Bauteil verankert, das gerade in Arbeit ist. Immer wenn ein weiteres Stockwerk dazugekommen ist, wird der Kran demontiert und eine Etage weiter oben wieder eingebaut. Diese Kräne können nach Fertigstellung zerlegt und dann mithilfe eines Lastenkranes, der an der Seite des Gebäudes angebracht wird, abtransportiert werden.

Es gibt noch eine dritte Art, den Kran wieder »loszuwerden«. Dabei wird der Kran sozusagen als ein Teil des Gebäudes mit verbaut. In diesem Fall wird ein Teil vom Kran zu einem Bestandteil des Hauses. Entweder baut man daraus einen Schacht für den Aufzug oder man lässt ihn für spätere Wartungsarbeiten stehen. In beiden Fällen wird der abgebaute Rest auch wieder mit Hubschraubern oder Lastenkränen nach unten befördert.

Wird es wirklich leiser, wenn Schnee fällt?

Man sagt: Der Winter ist die stille Zeit. Das liegt nicht nur daran, dass sich das Leben in dieser Jahreszeit mehr drinnen als draußen abspielt. Denn irgendwie hat man, wenn es schneit, wirklich das Gefühl, die Zeit würde stehen bleiben. Befindet man sich in dem Moment gerade draußen im Schnee, kommt einem tatsächlich alles gedämpfter vor. Ist das wirklich so? Dämpft Schnee die Laustärke oder ist das eine Täuschung des Gehirns? Zumindest scheint es ein weitverbreiteter Eindruck zu sein, schließlich sind sogar Lieder nach dem leisen Rieseln benannt.

Fakt ist – Schnee dämpft die Geräusche. Das funktioniert am besten, wenn der Schnee frisch gefallen und noch »fluffig« ist. Wird er später hart und verklumpt oder es entsteht Eis, verliert er die dämpfende Wirkung wieder. Wie der frische Schnee die Töne »aufsaugt«, ist im Grunde ganz einfach: Zwischen den locker aufeinanderliegenden Schneeflocken befinden sich Hohlräume, die mit Luft gefüllt sind. Wenn ein Geräusch entsteht, breiten sich die Schallwellen (siehe Seite 22: »Was ist eine Schallwelle und wie entsteht sie?«) aus. Sobald sie auf das Labyrinth der zahllosen Hohlräume zwischen den Schneekristallen treffen, wandern sie in jeden einzelnen. Dabei werden sie zusätzlich von den Kristallen reflektiert, also zurückgeworfen. Man könnte sagen, der Schall hat sich in dem Labyrinth der Hohlräume verirrt. Je mehr er hin- und hergeworfen wird und je länger er sich in den Gängen aufhält, umso mehr wird er abgeschwächt. Das heißt, die Schallwellen und Töne, die in den frischen Schnee tauchen, kommen reduziert, also gedämpft wieder heraus.

Man könnte sich jetzt fragen, ob der Schall, der sich im Schnee verirrt hat, wenn dieser schmilzt, wieder herauskommt. Das wäre zu lustig. Denn dann würden, wenn der Schnee zu schmelzen beginnt, alle verschluckten Töne wieder herauskommen und uns ein wirres und wahrscheinlich recht unangenehmes Konzert bescheren. In Wirklichkeit werden die Schallwellen, die vom Schnee aufgenommen werden, ganz einfach umgewandelt – und zwar in Wärme. Der Schnee nimmt die Energie des Schalls auf und macht daraus Wärmeenergie. Die reicht aber nicht, um den Schnee zu schmelzen.

Was ist eine »Schaltsekunde«?

Die letzte Schaltsekunde wurde relativ aktuell am 31.12.2016 eingelegt. Das heißt, das Jahr 2017 begann eine Sekunde später als die Jahre zuvor. Worum handelt es sich bei dieser Schaltsekunde und wie kommt man auf die Idee, einfach das neue Jahr auf der ganzen Welt eine Sekunde später zu beginnen?

Obwohl die Einführung der Schaltsekunde auf den ersten Blick etwas verrückt anmuten könnte, haben sich die Wissenschaftler natürlich Gedanken gemacht, bevor sie beschlossen, immer wieder die Weltuhr umzustellen. Grund für diese zusätzliche Sekunde ist die Einführung der internationalen Atomzeit-Skala von 1971. Seitdem wird die Zeit weltweit von der Atomuhr gemessen. Das Problem der Atomuhr ist, dass sie so genau misst, dass damit jeder Tag genau gleich lang ist. In der Realität ist es aber so, dass sich die Erde nicht genauso gleichmäßig dreht, wie die Uhr misst. Sie dreht sich abwechselnd etwas schneller und langsamer. Dadurch sind die Tage in der Natur auch nicht immer genau gleich lang. Die Unterschiede sind selbstverständlich so gering, dass sie von uns Menschen nicht wahrgenommen werden, von der Atomuhr aber schon. Die Zeitmessungen driften somit immer weiter auseinander und können am Ende nur durch einen kleinen Trick behoben werden. Nachdem man die Umdrehungen der Erde kaum beeinflussen kann, behilft man sich damit, die Atomuhr »umzustellen«. Damit sind allerdings keine großen Zeitumstellungen gemeint. Es handelt sich im Grunde immer nur um diese eine Sekunde, die, je nach den Umdrehungen der Erde, mal vor- und mal zurückgestellt werden muss.

In den Jahren seit der Einführung der Atomuhr wurden deswegen inzwischen 27 Schaltsekunden vorgenommen, sodass die Zeit der Erde wieder perfekt mit der Zeit der Atomuhr harmoniert. Die Wissenschaft versucht auf diesem Weg, die größtmögliche Genauigkeit herzustellen. Überwacht wird das Ganze vom Internationalen Dienst für Erdrotation und Referenzsysteme. Hier werden die Umdrehungen der Erde ständig mit den Messungen der Atomuhr verglichen. Werden die Abstände zu groß, wird eine Schaltsekunde vorgeschrieben.

Warum lebt der Dalai Lama nicht mehr in Tibet?

Tibet wird von China regiert. Entsprechend den tibetischen Gesetzen ist aber der Dalai Lama nicht nur das religiöse Oberhaupt Tibets, sondern auch das politische. Das wiederum wollen die Chinesen nicht akzeptieren. Um sich der drohenden chinesischen Herrschaft zu entziehen, ist der Dalai Lama im März 1959 mit einer großen Gefolgschaft von Tibetern in das benachbarte Indien ausgewandert. Am Fuße des Himalajas gewährt die indische Regierung ihm und seinen Anhängern seitdem politisches Asyl. Er bereist die Welt und hält Reden über den Frieden und das friedliche Miteinander, in denen er immer wieder auf die Situation in Tibet hinweist. Würde er in seine Heimat zurückkehren und dort seine Meinung kundtun, könnte ihn die chinesische Regierung, entsprechend ihren (umstrittenen) Gesetzen, des Aufruhrs bezichtigen und gefangen nehmen.

Was versteht man unter dem Navajo-Code?

Der Navajo-Code war der Grund, warum die Botschaften der US-Marine im Zweiten Weltkrieg schneller und sicherer als die ihrer Gegner übermittelt werden konnten. Es war für die gegnerischen Mächte schlicht nicht machbar, den merkwürdigen Code zu entschlüsseln. Dabei steckte hinter der scheinbar unlösbaren Aufgabe eine ganz einfache Lösung: Der Navajo-Code war im Grunde gar kein Code, sondern die offizielle Sprache der Navajo-Indianer.

Einige Hundert der Navajo-Indianer traten im Zweiten Weltkrieg ihren Dienst als Funker an. Sie beherrschten die Sprache der Navajo genauso gut wie das Englische, denn zur damaligen Zeit war die Amtssprache Englisch, in den Dörfern der Indianer wurde aber auch noch die eigene Sprache gepflegt. Auf diese Weise konnten sich die als Funker eingesetzten Indianer blitzschnell gegenseitig Nachrichten übermitteln, ohne dass ein anderer sie verstehen konnte und ohne dass dafür ein eigenes Code-System erlernt werden musste. Der Empfänger übersetzte sie dann den englischsprachigen Kameraden vor Ort.

Die Idee, die Sprache der Navajo als Code im Krieg einzusetzen, kam von dem Sohn eines Missionars, der seine Kindheit in einem der Indianerreservate verbracht hatte. Sie wurde sowohl vonseiten der Regierung als auch von den Indianern mit Freude aufgenommen. Für die Militärs lag der Vorteil klar auf der Hand und die Indianer hofften, durch ihre Mithilfe endlich die Anerkennung in den Vereinigten Staaten zu bekommen, auf die sie schon so lange hinarbeiteten. Doch diese Anerkennung ließ selbst nach Kriegsende noch lange auf sich warten. Erst 1982 wurden die noch lebenden Funker der Navajo-Indianer offiziell gewürdigt. Als Grund für das späte Lob nannte die amerikanische Regierung die Geheimhaltung, unter welcher der »Code« noch Jahrzehnte nach dem Krieg stand.

Und wie war das noch mal mit dem »das« oder »dass«?

Für viele ist es eine immer wieder beliebte Falle der Rechtschreibung: Wann verwendet man »das« und wann »dass«? Häufig bekommt man Erklärungen wie: »Das« wird entweder als Artikel oder als Pronomen verwendet. »Dass« ist hingegen eine Konjunktion. Nach diesen Erläuterungen ist es durchaus nachvollziehbar, dass der ein oder andere schon aufgegeben hat, weil er bereits bei den Bezeichnungen Artikel, Pronomen und Konjunktion innerlich abgeschaltet hat. Dabei gibt es hierfür eine ganz einfache Regel:

Wenn man »das« durch »dieses«, »jenes« oder »welches« ersetzen kann, schreibt man es mit einem »s«! Immer dann, wenn der Satz, den man schreiben möchte, mit den Ersatzwörtern keinen Sinn mehr ergibt, schreibt man »dass« (mit zwei »s«).

REGISTER

DER MENSCH 31

PSYCHOLOGIE